信息化时代高校英语教学改革与实践

曹艳雯◎著

中国商业出版社

图书在版编目（CIP）数据

信息化时代高校英语教学改革与实践 / 曹艳雯著
. -- 北京：中国商业出版社, 2023.12
ISBN 978-7-5208-2822-2

Ⅰ. ①信… Ⅱ. ①曹… Ⅲ. ①英语－教学改革－研究
－高等学校 Ⅳ. ①H319.1

中国国家版本馆 CIP 数据核字(2023)第 246810 号

责任编辑：杜辉

中国商业出版社出版发行

（www.zgsycb.com　100053　北京广安门内报国寺1号）

总编室：010-63180647　编辑室：010-83118925

发行部：010-83120835/8286

新华书店经销

北京四海锦诚印刷技术有限公司印刷

*

787 毫米×1092 毫米　16 开　11 印张　208 千字

2024年7月第1版　2024年7月第1次印刷

定价：78.00元

* * * *

前　言

信息技术的发展，为高校英语教学开辟了新思路，提供了新方法，也提出了新要求。如何有效利用信息技术，推动高校英语教学的改革与创新，成为广大英语教师不得不严肃面对和深入研究的问题。基于此，应进一步探索信息技术在高校英语教学中的应用，力求充分发挥信息技术的优势，提高高校英语教学的效率，促进高校英语教学的改革与创新。

网络的普及和信息技术的发展，使高校英语信息化教学变为可能，也变为必然。然而，信息技术与高校英语教学的融合，并非一蹴而就，浑然天成，还需要我们在实际教学中不断磨合与探索。利用各种先进的教学理念、工具和技术来武装高校英语教学，对于提升高校英语教学质量具有举足轻重的作用。总之，信息化时代，英语教育理念与方法的研究，是当前特定时代背景下信息技术英语教学应用与人的意识理念、社会发展环境和学科教育体系等诸多复杂矛盾的探索求解过程，是英语学科教育对信息技术革命这一社会前沿性实践的理论回应。

本书深入浅出地对信息化时代高校英语教学改革与实践进行了系统分析，适合高校教育者及对此感兴趣的读者阅读。本书对高校英语教学与信息化教学作了详细的介绍；对信息化时代下的高校英语教学设计与方法、信息技术与高校英语教学整合路径深入进行了探索，让读者对高校英语教学有进一步的了解；着重强调了信息化时代下高校英语词汇、语法与听力教学的改革，信息化时代下高校英语阅读与写作教学的改革，最后对信息化时代下高校英语教学中的自主学习与教师专业发展进行了分析研究。

在本书写作的过程中，参考了许多资料以及其他学者的相关研究成果，在此表示由衷的感谢。鉴于时间较为仓促，水平有限，书中难免存在一些谬误，因此恳请广大读者、专家学者能够予以谅解并及时进行指正，以便后续对本书作进一步的修改与完善。

目 录

第一章　高校英语教学与信息化教学

第一节　英语教学概述

一、英语教学法的概念

英语教学法是一门独立的学科，它有自己的研究对象和内容，有自己的研究目的和方法，有自己的理论和区别于其他学科的特点。

英语教学法的研究对象是英语教学，具体来说，就是人们怎样学习英语，人们又应该如何去教英语。英语教学法研究的是英语教与学的问题，因此，它涉及以下内容：语言是什么，学习英语是一个怎样的过程，学习英语有什么样的规律，教授英语应遵循什么样的原则，教学过程是怎样的、有什么特点，教授英语可使用什么样的方法和技巧，英语教学与语言环境有何关系，教与学存在着什么样的关系等。

英语教学法研究英语的教与学，目的在于探讨英语教学的内部规律，从而为更好、更快、更有效地教授和学习英语提出有关的理论和方法。

英语教学法是个实验性强的学科，它的研究遵循着科学的实证研究的方法。研究可以通过实验进行。人们可以通过观察、归纳或总结有关语言教学的现象，提出假设，然后通过控制有关变量对假设进行检验，最后得出实验结论。研究还可以通过自然观察和有目的的调查来进行，对语言错误、某种教学策略或学习策略，可以通过观察和调查，把它记录下来，进行分析、归纳和总结，最后得出研究的结论。

作为一门独立的学科，英语教学法不但有自己的理论，还有区别于其他学科的特点，同时还与其他学科有着密切的联系。在不同的历史时期发展起来的教学法，如语法翻译法、直接法、听说法、口语法和情景法等均可视为英语教学法的理论。与此同时，英语教学法也应用语言学、心理学、社会学和教育学等学科的理论以及与这些学科有关的其他学科的理论，如心理语言学、社会语言学等的理论来研究教与学的内容、教与学的过程、教与学的规律以及教与学的技巧和方法等问题。然而，尽管英语教学法与一些学科有着密切的联系，但是应用相关学科理论于英语教学的实践时，还需要应用语言学家或外语教师的中介作用或进一步探索。

虽然英语教师进行的主要是英语教学工作，但他们要不断研究教学法，也要了解教学法和相关学科的理论问题。因此，对英语教师来说，加强有关的理论学习，掌握英语（外语）教学法的理论是相当重要的。

二、语言和语言学习的环境

英语教学法研究的是英语的教与学，即语言的教与学。因此，明确什么是语言及语言的学习环境，对语言教师来说是必要的。我们知道，对语言本质的认识会直接影响我们对英语教学原则的制定、教材内容的选择和教学方法的设计。

（一）语言的特征

为了弄清楚语言的特征，了解什么是语言，语言学家、哲学家和心理学家等都做了大量的研究工作，他们从不同的角度对语言的本质和特点进行了描述。概括起来，语言有如下一些特征。

1. 语言是一个系统

语言是一个系统，并且是一个生成系统，它有着自身的结构。这种结构是多层面的，第一个层面是音位，第二个层面是音节，第三个层面是语素，第四个层面是词，第五个层面是句子。语言这个系统储存在人们的大脑之中，并为规则所支配，这些规则是复杂且抽象的。人们可以凭着对语言规则的掌握形成无限的句子，并可以凭借这些规则判断某些句子是否正确。

2. 语言是一套具有任意性的符号

这些符号是声音符号，但也可能是视觉符号，语言符号所表示的意义是约定俗成的，语言符号和它们所指的事物没有内在的必然联系，这叫作“语言的任意性”。例如，某种有四条腿、食肉的哺乳动物在汉语中叫作“狗”，在英语中叫作“dog”，在法语中叫作“chien”，在德语中叫作“hund”，这就是任意性的一例，因为我们无从解释为什么要这样叫。但用什么语言符号去表示意义是一种社会规约，意义的规约性通常会受到社会的不同和文化的不同的影响，因而总是具有人文性这一特点。

3. 语言是一种交际的工具

语言是作为交际工具在社会交际需要中产生的，并在使用中得到发展，人们通过语言的运用而掌握语言，在交际中学会使用语言。

4. 语言在语言社团或语言文化中发生作用

语言和文化有着极为密切的关系，语言是文化产生与发展的基础，而文化的发展也促使语言变得更加丰富和精细。从某种意义上来讲，语言可被看成文化的一部分。

5. 语言为人类所独有

科学家对动物交际的研究表明，虽然一些动物可以用某一种方式或通过一定的手段把有关的信息传给它们的同伴。(例如，蜜蜂可以通过舞蹈来传播有关蜜源的信息；海豚可以对不同的灯光信号发出不同的信号；猿猴也能学到某些语言符号)，但是它们并没有和人类相似的交际系统，它们之间的“交际”不是人类那样的语言“交际”。语言是人类独有的，人类语言有它的神经生理基础、社会基础以及用于抽象思维的特点和用于传递指称对象特殊信息的特点。从这些方面来看，人类语言与动物“语言”是不同的。

6. 所有的人都以大致相同的方式习得语言

语言和语言学具有普遍的特征。如果我们可以把人们描述为聪明、较聪明、不那么聪明等各种类型的话，除了一些有生理或心理障碍的人，所有的人在儿童阶段都能以大致相同的方式习得语言。儿童具备学会任何一种语言的能力，只要他们能够接触到周围讲某一种语言的人，与某一种语言环境保持接触，他们到五六岁时，都能使用这一语言进行交际。

认识语言的本质和特征，有利于我们探讨英语教学的问题。对语言不同的看法会使我们在英语教学研究中采取不同的态度和方法。如果我们把语言看成一种任意符号，而这种符号首先是有声的，那么我们在英语教学中就会强调口语教学，加强听、说方面的训练，我们会“听说领先”；如果我们把语言看作交际工具，我们会以能成功地进行交际作为学习语言成功的标志，也会在教学中让学生参加各种语言交际活动，使学生在语言交际中学习语言；如果我们相信语言和语言学习具有共同的特征，我们也会去寻找学习者学习语言的共同方法、共同策略，看哪一种方法或者策略更有利于语言学习。我们会更清楚地看到不同的语言观对语言教学的影响，不同的语言观会直接影响到某种具体方法和教学技能的运用，不同的教学方法都是以不同的语言观和语言学习观为基础的。

(二) 教与学的关系

英语教学法研究英语的教与学，弄清学习的特征，弄清什么是教，对研究英语的教与学是必要的。明确了教授与学习的特征，我们在研究英语教学法时，才会有明确的出发点和前进方向，这样我们就可以取得较好的效果。

在学习过程中，我们会对某些事物特别注意，尽量去了解，并作出反应和行动；我们会把有关的信息想方设法记忆下来储存在大脑之中。这样一来，我们的认知结构也会随之发生变化，我们为了保持有关的知识和信息，还会进行不同形式的操练。作为学习的结果，行为的变化和知识、技能的获得都表现得很具体。

我们不能离开学习去讨论教授。可以说，教授的目的是要指导和促进学习，使学习变得容易些，为学习的顺利进行创造有利的条件和提供各种帮助，最后达到促使学习者能学习到有关知识和技能的目的。因此，教每时每刻都与学连在一起，语言学习的理论直接影响着语言教学理论的建立，也影响着教学方法的采用。从这个意义上来说，语言学习理论和语言理论一样都对教学方法产生直接的影响。

（三）母语、第二语言和外语的学习环境

英语在不同的国家里起着不同的作用。应该指出，虽然英语在讲英语的国家里是作为母语的，但是在不同地区和国家，英语的发音是不尽相同的。除此之外，还有词汇和语法上的区别。如果把这些有地理特点的英语称为英语的“方言”，英语方言的差别就没有汉语方言之间的差别那么大。

英语在一些国家或地区虽不是母语，却起着官方语言的功能，它是法律界、政府部门、学校、商界和大众媒介的主要语言。在这些国家和地区，英语起着第一语言的作用。在南非、印度、新加坡、尼日利亚等国家，英语是第二语言。对于那些到英国、美国等讲英语的国家定居的移民来说，英语也是他们的第二语言。

在很多国家，英语既不是母语也不是第二语言，但英语也有它的用处——作为外语存在。在这些国家里，英语是学校课程的一部分，是高一级学校入学考试中的一个科目。在我国，英语是一门外语。英语虽然在很多国家中只以外语的地位存在，但由于国际上不少会议是以英语为主要语言来进行的，世界上不少书籍杂志是以英语为主要文字发表的，目前，在这些国家里也有不少人在努力地学习英语。学好英语和掌握好英语有利于他们与外界沟通，从外部世界获取各方面的信息。

明确英语的地位对英语教学来说是重要的。在我们的英语教学中，最好先教授某一种英语的发音，并以此为基础对其他方言的发音进行描述。这样能使学习者更好地掌握英语的发音，懂得英语发音的特点，在日常与英、美、澳等国人士接触时能明白对方的语言，进而成功地进行交际。再者，我们也应懂得，英语在我国是外语，教授外语的环境与教授母语和第二语言的环境有着很大的差别。作为外语教学，除了在课堂里接触英语外，在其

他场合接触英语的机会不多。从学习母语的经验中我们也知道语言环境对语言学习是很重要的，所以教学者应为英语教学创造更好的环境，向学习者提供更多的语言输入，以使他们能更快、更好地掌握英语。

三、英语教学法及其相关学科

英语教学法与教育学、语言学、心理学等学科有着密切的联系，这些学科被称为它的“相关学科”。英语教学法在它的发展过程中，不断从相关学科中吸收自己所需要的养分，应用相关学科的研究成果来充实自己。可以说，英语教学法的发展与它的相关学科的发展是紧密相连的。

（一）英语教学法和教育学

教育学阐述教育知识研究教育现象、探讨教育问题并揭示教育规律。英语教学属于教育范畴，教育学的原则、原理和方法对英语教学有指导作用并能在英语教学中得到应用。在研究英语教学法时，我们会应用教育学的理论去处理教学中出现的问题。

教育目的、教育方针和培养目标从大的方面影响着英语教学，英语课的开设、开设的时数、开设的目的和要求无不受制于它们。

在教育学中，教育要适应社会发展和学生发展，这能帮助我们更好地了解历史上的各种教学方法是怎样因社会需要而发展起来的，同时它们也可以帮助我们根据学生年龄、心理和生理发展的特点选用适当的教学内容和教学方法。教育学中所论述的教学原则也能用来设计课堂活动，这些原则包括科学性和思想性统一的原则、理论联系实际的原则、直观性原则、启发性原则、循序渐进原则、巩固性原则、因材施教原则等。

英语教学与其他学科一样，都应该处理好教师和学生之间、教与学之间的关系。在进行教育的过程中，教育学提出“教师主导，学生主体”的思想，它为我们正确处理教师与学生之间的关系，摆正教师和学生在英语教学中的作用提出了原则和依据。我们可以把这些原则应用于英语教学实践，建立尊师爱生、民主平等的良好师生关系，积极创造一个良好的语言环境，调动学生的学习积极性并激发他们的学习兴趣，从而把英语教学做好。

《现代教育学》对课外教育活动的论述给了英语教学有益的启示。在英语教学中，我们也应结合语言学习的特点，设计英语的课外活动以促进英语学习。

除了应用教育学的原理、原则之外，还可以应用教育测量的理论和方法去进行测试命题和测试结果的研究、英语教学实验的设计、数据的处理，并对英语教学工作进行评估等。可以说，在英语教学实践中，我们都在应用教育学有关的原理、原则和方法。

（二）英语教学法和语言学

语言学是研究语言系统的科学，英语教学法是研究英语教学的学科，两者的研究都涉及语言，因此它们之间的密切关系是不言而喻的。

在语言研究的领域里，理论语言学或普通语言学研究语言的一般原则和人类语言的特点。这些原则和特点反映了人们对语言的看法，可称为“语言观”。人们从各个不同角度对语言的探讨加深了人们对语言特点的认识。对语言不同的观点、不同的认识致使人们在不同的时期、按照不同的社会需要创立不同的英语教学法。

除了普通语言学，语言学的其他分支对英语教学法也有影响。描述语言学集中研究某一语言的系统、结构，它向我们提供有关英语结构和规则的描述；英语语音学描述英语语音的特点、语音现象和语音规律；英语语法学陈述英语语法规则和英语的结构；英语词汇学对英语的词汇特点作详细的描述。这些语言学的分支能为英语教学研究提供丰富的材料，在选取英语教学内容方面，我们也可以从这些学科里得到原则和依据。

作为语言学的一个新的分支，社会语言学将语言作为一种社会现象进行研究，研究语言运用中不同的功能变体、不同的文体、不同的语域、不同的话语范围和不同的语码使用。社会语言学唤起人们对语言得体性的注意，这一点对英语教学法也是有启示作用的——英语教学应注意培养学生使用得体语言的能力。

英语教学法不仅与教育学、语言学紧密相连，由于它研究教与学的过程和教与学的规律，它还与心理学有着密切的关系。

（三）英语教学法和心理学

心理学是研究心理现象的科学，它不但对构成认识过程的感觉、知觉、记忆、思维、想象进行研究，而且还对构成个性心理的因素、需要、动机、兴趣、能力、性格等进行探讨。英语教学是教师和学生之间的教学活动，心理学能帮助教师理解认识过程中的心理现象，掌握学生的个性心理，能帮助教师认识学习过程的特点，遵照学习英语的规律，结合学生的个性特征，寻找出加快英语学习、帮助不同学生学习好英语的教学方法。

学习是心理学（特别是教育心理学）研究得较多的一个问题。不同的学者从不同的角度对学习进行了不同的实验并提供了不同的学习理论。而英语学习是人们进行学习的一种活动，它同样受学习理论影响。事实上，不同的学习理论，如斯金纳的操作条件反射论、布鲁纳的认知发现学说等，都在创建不同的英语教学法过程中与不同的语言理论相结合，构成了不同的英语教学法的理论依据。

心理语言学主要研究语言的学习和使用，即个体怎样理解、生成和获得语言。心理语言学关于儿童习得语言的特点的论述，如“儿童置身于语言环境是儿童习得语言的必要条件”“语言的理解先于语言的生成”，为英语教学中教学原则的制定、教学方法的设计以及第二课堂（课外活动）的开展提供了原则和理论根据。在心理语言学中，语言知觉的认知模式和阅读过程模式的研究为英语聆听理解和阅读理解课堂教学应采用什么样的教法提供了理论依据。外语阅读的相互作用模式就是根据“图式理论”设计的外语阅读方法，而“图式理论”又是来源于德国的格式塔心理学派，这个例子也说明了英语教学法与心理学及其分支学科之间的紧密联系。

（四）英语教学法和哲学

英语教学法研究英语的教与学，在研究过程中，我们会碰到各种各样的现象和问题。怎样根据当时、当地的实际情况对现象和问题进行分析和探讨，需要掌握认识和分析问题的方法。从这个意义上来说，学好马克思列宁主义的哲学体系，以它的世界观和方法论来武装自己，也是研究所需要的，因为这种世界观和方法论是“最完整深刻而无片面性弊病的关于发展的学说”。

掌握好马克思主义的世界观和方法论，有助于我们在研究英语的教与学时客观、准确、全面、辩证地研究教与学的现象和问题，探讨教与学之间的关系，摸索教与学的规律。这样，才能按照学生的年龄实际、不同的心理特点、不同的语言背景、不同的个性，在不同的教学阶段，按照不同的教学目标来制定不同的具体要求和教学方法，才能从实际出发，辩证地看待各个教学法流派，认识它们的长处，同时也理解它们的不足，并能按照教学实际，灵活地使用各种教学方法，也才能对国外学者的研究成果做实事求是的分析，并能按照中国学生的实际情况，运用他们的研究成果来指导教学。

一些哲学家对语言的研究促成了哲学中一个分支——语言哲学的产生。哲学家对语言的研究成果也作用于英语教学法。例如，哲学家格赖斯提出了会话含义理论。在会话含义理论中，格赖斯提出了他的“合作原则”，并说明了组成此“合作原则”的四个准则，即质的准则、量的准则、相关的准则和方式的准则。[①] 格赖斯会话含义理论为我们在正确理解会话意义方面提出了原则性的意见。在英语教学中，应如何使用这些原则和准则，以达到更好地理解语言的目的，也是英语教学法要研究和探讨的问题。从这个意义上来说，哲学不但为英语教学法提供了研究的方法，还为教学提供了有启发作用的理论。

---

① 邱天河. 格赖斯会话含义理论的发展概述［J］. 山东外语教学，1998（4）：5.

第二节　英语教学思维基础

一、高校英语教学的基本关系

（一）英语教学中语言知识和语言技能之间的关系

语言知识和语言技能都是语言能力的组成部分，都是语言学习的目标。两者相互影响，相互促进。语言知识是发展语言技能的基础，不具备一定的语音知识，不掌握足够的词汇，不了解英语的语法，就不可能发展任何的语言技能，而语言知识的学习通常可以通过听、说、读、写活动的过程来感知、体验和获得。

“不愤不启，不悱不发”是孔子教育思想的基本原则之一。所谓的“愤”与“悱”是学生的两种状态，而“启”与“发”则是在这样的状态下需要采取的方法。朱熹认为：“愤者，心求通而未得其意；悱者，口欲言而未能之貌。”程颐则对采用启发式教学的原因进行了解释：“不待悱愤而发，则知之不能坚固；待其悱愤而后发，则沛然矣。”启发式的教学思想对于语言知识的教学，尤其是对于英语中的语法教学尤其重要。英语语法教学是一个敏感的话题。在很长的一段时间内，我国的英语教学被语法知识的传授占据了大量的精力，从而忽视了语言技能的培养。而在纠正这一问题的过程中，也很容易走向另一个极端，轻视语法教学，单纯强调通过自然习得获得语言能力，认为不需要教授语法。语法教学在我国英语教学中的作用是毋庸置疑的，真正的问题并不在于语法应不应该教，而是应该如何教的问题。语法教学不应采取灌输方式，首先要使学生大量地接触语言材料，使他们建立对于其中所包含的语言规则的假设，从而达到“愤”与“悱”的状态，然后在此基础上进行启发。

（二）英语教学中的其他基本关系

英语教学是一个复杂的系统，其中所涉及的因素和矛盾非常多。例如汉语和英语、外国文化和中国文化、听说能力与读写能力等，在处理这些矛盾时应该采用辩证统一的态度，不能只是简单地把两者对立起来，要遵循适度的原则，防止从一个极端走向另一个极端。

在我国，由于人们对客观规律认识的不足和传统思维限制，通常出现忽左忽右的偏激现象。这种现象在目前的英语教学中也不同程度地存在着。在全社会重视英语的同时，很容易忽视汉语的学习。经济的全球化和科学技术的国际化正在成为新的时代特征，英语作为国际交往中最为重要的交流与沟通的工具，其重要性已经为越来越多的人所认识。但是，这样的环境很容易给人造成一种错觉，认为英语比汉语还重要，从而忽视汉语的学习。不重视英语是错误的，因为重视英语而忽视了对自己母语的学习也同样是不正确的。

另外，在处理英语和汉语之间的关系时还要注意不要过分夸大汉语的干扰作用。汉语是中国人的母语，少年儿童在开始学习英语时已经能够比较好地使用汉语进行交际，也就是说，他们已经掌握了大量的汉语词汇和基本语法，具备了使用汉语进行听说和读写的能力。而英语是他们作为一门外语来学习的目标语。在谈到母语和目标语之间的关系时，人们经常谈到的是“迁移”的问题。迁移是外语学习者经常采用的一种学习策略，它指学习者利用已知的语言知识，去理解新的语言，这种现象在英语学习的初级阶段出现得最为频繁，因为学习者对英语的语法规则还不熟悉，此时只有汉语可以依赖，汉语的内容就很容易被迁移到英语之中。如果母语对于目标语的学习产生了负面的影响，则被称为“负迁移”，即干扰。但是，迁移并非总是坏事，有时候，由于英汉两种语言之间存在着很多相似或者吻合的地方，中国学生在学习英语时可以利用已有的汉语知识，促进英语的学习。例如，汉语中的形容词都位于它所修饰的名词前面，而英语也同样如此，当学生学习了 beautiful 和 flower 两个词之后，就会很自然地说出 a beautiful flower。

在对待汉语和英语之间的关系方面，有两种极端的态度。一种是依靠汉语来教授英语，这显然是不可取的。使用英语进行教学具有两个方面的益处：一是创造英语的氛围；二是增加英语的输入，减少汉语的负向迁移。对于中国的英语学习者来说，汉语是他们的母语，学生在学习英语时会自觉或不自觉地与汉语进行比较，如果在教学过程中过多地采用汉语，学生就会很难摆脱对汉语的依赖，养成一种以汉语为“中介”的不良习惯，在听说读写等语言活动中会不断地把听到的、读到的以及需要表达的英语先转换成汉语，这样就很难流利地使用英语，也不可能写出或讲出地道的英语。另外一种是完全摆脱汉语，刻意地回避汉语，这不仅难以做到，而且也是不可取的。在英语课堂上使用汉语要注意的是：汉语作为教学手段，使用方便，易于理解，但是不能过分。在解释某些意义抽象的单词或复杂的句子时，如果没有已经学过的词汇可以利用，可以使用汉语进行解释，另外也可以对发音要领、语法等难以用英语解释的内容使用汉语进行简要的说明；利用英语和汉语之间的比较，可以提高教学的预见性和针对性。对于英汉两种语言相同的内容，学生学起来比较容易，教师只要稍加提示，学生就很容易掌握。某些内容为英语所特有，学生学起来就比较困难，教师应该有针对性地将其作为教学的重点适当增加练习量。对于两种语言中相似但是又不相同的内容，学生很容易受到汉语的干扰，教师在教学过程中要多加注意。

语言是文化的一部分，又是文化的重要载体。英语学习者要想熟练使用英语进行交际，必须了解英语国家的文化，这一点已经引起了我国英语教学界的高度重视，跨文化交际已经成为英语教学领域的重要研究问题之一。但是，我们在重视外国文化的同时，却很容易忽视中国文化。我国目前广泛使用的各种英语教材中，与中国文化相关的课文内容微乎其微，由此而产生的后果是显而易见的，对中国的英语学习者来说，英语学习的重要目的之一是使用英语传播中华民族的优秀文化，而绝大多数的英语学习者在通过了四级、六级甚至英语专业毕业之后，都不知道“孔子”在英语中应该怎么说，也不知道像《红楼梦》《水浒传》《三国演义》《聊斋志异》等中国古典文学名著在英语中该怎样翻译。如果在学习异国文化的过程中，不善加引导，学生很容易会盲目地接受西方文化中的行为规范、价值观和道德观，很容易忘记甚至疏远自己民族的文化传统。另外，忽视中国文化，也不利于外国文化的学习。学习本国文化，有利于加深对外国文化的理解，提高自己鉴别和鉴赏外国文化的能力。

在重视听说能力培养的同时，很容易忽视读写能力的培养。在长期以来的英语教学中，学生听说能力的培养一直是一个薄弱的环节，学生经过了许多年的英语学习之后还不能进行口头交际，从而造成了所谓“哑巴英语”的现象。如何提高学生的听说能力，尤其是口语能力，是一个亟待解决的问题。但是，我们也应该意识到，重视听说能力的培养，并不意味着可以忽视读写能力。首先，听说能力的提高在很大程度上与读写能力的水平相关，心理语言学的研究成果告诉我们，在语言学习的过程中，需要大量的信息输入并通过内部语言系统进行加工，进而转化成一定程度的外部语言，而阅读是信息输入的重要途径，也就是说，没有足够的阅读量，要想提高口语能力也是不可能的。其次，读写能力是一个受过良好教育人士的基本标志，文盲与非文盲的一个主要区别在于文盲只能使用一种语言进行听、说的交际活动，而不能进行读、写的活动。

听、说、读、写四项技能是一个相辅相成的有机整体，在以往的英语教学中，我们忽视了听说能力的培养，在纠正这一错误倾向的同时，也要注意不要走向另一个极端。我们解决“哑巴英语”的同时，也要避免产生“文盲英语”的现象。

二、高校英语教学的基本原则

（一）高校英语任务型教学法的基本原则

任务型教学法是指“将任务置于教学法焦点的中心，它视学习过程为系列直接与课程目标联系并为课程目标服务的任务，其目的超越了为语言而练习语言”，即一种将任务作为核心单位来计划、组织语言教学的途径。任务型教学法的五条原则——真实性原则、形式—功能性原则、任务相依性原则、做中学原则、脚手架原则，给学生足够的关注和支持，让他们在学习时感到成功和安全。

任务型教学过程分任务前阶段、任务后阶段和语言焦点阶段。

任务前阶段包括介绍话题和任务。在这一阶段教师和学生一起探讨话题，着重介绍有用的词汇和短语，帮助学生理解任务指令和准备任务。这个阶段主要为学习者提供有意义的输入，帮助他们熟悉话题、认识新词和短语，其目的在于突出任务主题、激活相关背景知识、减少认知负担。

任务后阶段包括任务、计划和报告。学生以小组活动的形式完成任务，教师不直接指导。学生以口语或者书面的形式在全班汇报他们是怎样完成任务的，他们决定了或发现了什么，最后通过小组向全班汇报或者小组之间交换书面报告的形式比较任务的结果。这个阶段为学习者提供了充分的语言表达机会，强调语言的流利性，交谈中语言的使用应该是自然发生的，不要求语言的准确性。

语言焦点阶段包括分析和操练。在这一阶段着重分析课文中出现的语言特点和难点。在分析中或者分析后教师引导学生练习新的词汇、语法并指出语法系统是极其有价值的。这个阶段的目的在于帮助学生探索语言系统知识、观察语言特征并将它们系统化，从而清晰、明了地掌握这些语言规则。

任务型教学的倡导者认为，掌握语言的最佳途径是让学生做事情，即完成各种任务。当学习者积极参与目的语的练习时，语言也被掌握了。学生注意力集中在语言所表达的意义上，努力用自己掌握的语言结构和词汇来表达自己的意思，交换信息。任务型教学追求的是给学生提供大量的、尽可能丰富的内容，让学生明确自己的学习目标，并在交际过程中，合理分配注意力，从而使语言得到持续、平衡的发展。

（二）高校英语内容型教学法的基本原则

内容型教学法通过运用目的语教学学科内容，把语言系统与内容整合起来进行教学。这种整合观是基于一种对语言教学的认识，只有同时给予两者相同的重视，而不是将两者分离开来，才能促进两方面同时发展。而运用目的语教学学科内容可以较理想地达到整合这两个方面的目的。其基本原则如下。

1. 教学决策建立在内容上

语言课程的设计者和教材的编写者在设计阶段面临的两个问题就是内容的选择和排

序。在传统的教学方法中，有不少方法，如语法翻译法、听说法，它们通常按照语法的难易程度编写，如一般现在时比其他时态更容易学习，在教材的编写和教学中自然处于优先学习的地位，根据此原则编写的教材和教学把容易学习的内容放在初学阶段。然而，内容型教学法颠覆了传统方法中内容的选择和排序原则，彻底放弃了以语言标准作为教学的出发点，而是把内容作为统率语言选择和排序的基础。

2. 整合听说读写技能

以往的教学法通常以分离的、具体的技能课，如语法课、写作课、听说课的形式进行教学。内容型教学方法试图在整合听说读写四项基本技能的同时，将语法和词汇教学包含于一个统一的教学过程之中。由于语言交流的真实情景以及语言的交互活动涉及多种技能的协同，派生了这项教学原则。同样，内容型语言教学反对在课堂上主张先听说、后写作的教学顺序。它没有固定的、一成不变的技能教学顺序，相反，它可从任何一种技能出发。可以看出，这一原则是第一个原则的引申，是内容决定、影响教学项目的选择和顺序原则的具体表现。

3. 教学的每个阶段都要求学生积极、主动的参与

自交际法产生以来，课堂的中心从教师转向学生，“做中学”成为交际语言教学的基本原则之一。任务型教学是交际法发展的分支，它强调学生应在完成任务的过程中进行探索性、发现性的学习。同样，内容型教学也是交际法的分支，重视学生在参与学习的过程中积极主动地学习。主张内容型教学的学者们认为，语言学习应产生于将学生暴露于教师的语言输入中；同时，学习者还可以在与同伴、同学的交往中获得大量的语言信息。因此，在课堂的交互学习、意义协商和信息收集以及意义建构的过程中，学生承担着积极的社会角色。在内容型语言教学中，学习者可以承担多种角色，如接受者、倾听者、计划者、协调者、评价者等。与学习者的多重身份一样，教师也扮演着多重角色。他们可以是学生的信息源、任务的组织者，学习活动的引导者、控制者和促进者学生学习活动的评估者等。

4. 学习内容的选择与学生的兴趣、生活和学习目标相关

内容型教学法的内容选择最终决定于学生和教学环境。教学内容通常与具体的教学和教育环境中的教学科目平行进行。因此，在中学阶段，外语教学内容可以来自学生在其他科目如科学、历史、社会科学中学习的内容。同样，在高等教育环境中，学生可以选修“毗邻”语言课。“毗邻课”是两个教师从两个角度教学同一内容，从而达到不同的教学目标的课型。在其他教学环境中，教学内容可以根据学生的职业需要和一般的兴趣特点进

行选择。事实上，由于哪些内容是学生普遍感兴趣或者直接相关的内容很难被确定，教材的编写者、使用者也都很难把握这一条原则。但是，由于每个内容单元的教学时间长，教师有大量的时间和机会把课程内容与学生的兴趣以及他们已经具备的知识结合起来。因此，让学生对所选内容感兴趣是内容型教学理论实现的重要基石。

5. 选择“真实的”教学内容和任务

内容型教学的核心成分是真实性。它既要求课文内容的真实，又要求任务内容的真实。一首歌谣、一个故事、一段卡通片都可以作为真实的教学内容。把这些真实的内容放置于外语教学课堂将改变它们原本的目的，从而服务于语言学习。同样，任务的真实性也是内容型教学的目标，任务必须与一定的文本情景结合，反映真实世界的实际状况。

6. 对语言结构进行直接学习

内容型教学将学生暴露于真实的语言输入中，目的在于让学生获得运用语言进行交际的能力。文本形式、教师的课堂、语言的输入、学生之间的小组活动都是内容型教学的信息源。但是，内容型教学认为，仅仅通过可理解性输入不是成功的语言学习，对真实文本中出现的语言结构必须采取增强意识的方法进行学习。

（三）高校英语课程资源建设的原则

高校英语课程资源建设是辅助高校英语教学的重要举措，是学生开展个性化学习的前提。在建设过程中应坚持以下原则。

1. “学生为中心”原则

所有高校英语课程资源的建设都是围绕学生的英语学习动机和兴趣而开展的，为学生创造良好的学习氛围，为学生努力学好英语铺路搭桥。因此，不管是资源建设的决策和规划阶段，还是实施、检查和改进阶段，都要以学生的实际需求为出发点，不但要关注他们的知识类资源，还要关注他们的情绪类资源、问题类资源、错误类资源、差异类资源和兴趣类资源，尽可能让他们成为学习的绝对中心，成为知识意义的主动建构者，确保教材所提供的知识不再局限于教师传授的内容，而是学生主动建构意义的对象，媒体也不再是帮助教师传授知识的手段与方法，而是用来创设情境、进行协作学习和会话交流，即作为学生主动学习、协作式探索的认知工具。

2. 开放性原则

高校英语课程资源建设是一项长期的、系统的积累工作，随着教学改革的不断深入、社会的不断进步和教师专业化发展，已有的课程资源得到更新，新的课程资源得到添加，确保了课程的正常运转。在资源建设过程中，建设者要以开放的心态对待人类创造的所有文明成果，以开放的目光审视周围的事物。开放性原则包括类型的开放性和空间的开放性：类型的开放性指不管课程资源以什么类型存在，只要有利于教育教学，都可以加以开发利用；空间的开放性指课程资源的地域性差异，不管它们是校内或校外、国内或国外，只要能有益于学生知识积累、能力发展、技能提高，都可以加以开发和利用。知识经济是世界一体化的经济，资源的开放性原则是从地区到全球、从微观到宏观、从局部到整体，在不同层次上都要确立的一种基本原则。

3. 前瞻性原则

高校英语课程资源的开发与利用是与学生需求紧密相连的，受现有的课程和现实社会的实际需求推动。但从发展的角度来看，课程资源建设还要与未来社会的发展联系起来。只有这样，才能够帮助学生更好地把握未来社会的一些发展趋势。因此，建设者要具有前瞻性思维，密切关注社会的发展动态，注意吸收当前重要的、有影响力的、处于科技前沿的一些素材，在此基础上开发出对学生来说真正有用的课程资源，对学生加以引导，让他们逐步接受这些新东西，为学生以后的终身学习与可持续发展打下坚实的基础。

4. 经济性原则

在高校英语课程资源开发中，要力求用尽量少的投入开发最大量的课程资源，即实现低投入、高产出。经济性原则涉及经费、时间、空间和学习四个方面。经费的经济性是指花较少的钱，甚至不花钱，开发出可以服务于学生的高校英语课程资源，如从互联网上提取本校可以使用的英语资源；时间的经济性原则是指立足于现实，开发那些适于当前高校英语教学的课程资源，不能等待更好的时机，否则就错过了最佳学习期；空间的经济性原则是指能就地开发的，就不要舍近求远，同时也指课程网站的容量；学习的经济性原则主要指以兴趣为导向，开发那些能激发学生学习积极性的课程资源。

三、高校英语教学教师的素质

（一）教师的作用

教师是高校英语教学的重要因素，在英语教学中起着主导作用。在英语课堂上，教师主要充当两种角色，即掌控者和引导者。一名合格的英语教师首先应该拥有纯正的发音。然而并非所有的英语教师都拥有纯正的发音，所以教师可借助多媒体等手段来弥补自己的不足，确保学生在课堂上所听的内容都是纯正的。同时，教师在讲解单词、句子、课文时，应该穿插一些解释，对难懂的词语要不断重复。

在多数英语课堂上，教师的讲话占据课堂时间的大部分，不可否认，教师的讲话有利于学生的语言习得，但也不能因此牺牲学生的练习时间。同时，教师还要注意不断变化教学的形式，以增强课堂的趣味性。一名合格的英语教师还应具有一定的应变能力，能预测课堂活动中出现的状况，能很好地处理课堂上的突发事件，确保课堂活动的有序开展。

此外，教师应该随时调整自己的提问方式、语言运用、提供反馈的方式。在英语课堂中，提问是教师常用的一种教学手段。通过提问，可以有效激发学生的学习兴趣，促使学生积极思考，帮助教师诱导某些知识结构。另外，语言运用的方式也很重要，为了让学生对所讲述知识有充分的了解，教师在教学中可以采用重复话语、降低语速、增加停顿、改变发音、措辞简化语法规则、调整语篇等措施。

学生是英语教学的重要反馈者，同样，教师的反馈也是十分重要的。所谓提供反馈就是指教师为学生的学习情况提供反馈。教师的反馈可以调整对学生话语的回答，如表示学生问答正确或错误、赞扬鼓励、扩展学生的答案、重复学生所答、总结学生回答、批评等。总之，教师的目的就是采用不同形式的教学方法，调动学生的积极性，扩展学生的知识面，培养学生的学习能力，提高整体的教学效果。

（二）提高高校英语师资队伍素质的举措

开放式的高校英语师资队伍建设理念表明，师资建设的形式已不是传统意义上那种为了提高学历和职称开展的脱产、半脱产或在职学习，现已呈现多样化特征。这些举措旨在解决强化教学能力、提高科研能力和提升学历。

1. 强化教学能力

围绕如何强化高校英语教师的教学能力，提高高校英语教学水平和师资队伍的建设措施如下。

（1）教学督导制

实施校、院两级教学督导制，每学期均有听课重点，如新引进的教师、在学评教中得分较低的教师、拟晋升高一级职称的教师、拟参加课堂教学比赛的教师，督导委员听课后，不但会将涉及教学内容、教学方法、教学效果、师生互动情况等方面的意见反馈给授课教师，同时也反馈给主管教学的副院长，帮助建立教师授课档案。

（2）青年教师指导制

刚参加工作的青年教师或刚毕业的硕士研究生，尽管他们具有一定的语言基本功，有较高的教学热情，但他们缺乏教学经验，可以安排教学经验丰富、教学功底扎实、乐于带年轻人的老教师与青年教师结对，帮助青年教师尽快熟悉主讲课程的课程大纲、制订本门课程的教学计划和教学日历等，以确保他们在最短的时间内进入角色，掌握一门课程的教学流程，然后独当一面，成为一名合格的高校英语教师。

（3）课程教学团队制

高校英语教师组成的教学团队中，老年、中年、青年教师协调发展，共同进步。在一些新开课程中，可以尝试课程教学团队制，即同一门课程由两名或两名以上的教师担任教学，其中一名教师为主讲教师。这就是教师队伍建设中传、帮、带的具体体现。刚接受这门课程的新教师或年轻教师第一轮讲授少量内容，第二轮、第三轮逐步增加教学任务，直至独立承担这门课程。

（4）非师范毕业生岗前培训

外语教师不仅应该具备扎实的语言功底，还需要有一定的教育学、心理学知识。高校英语教师的专业化程度不高，据束定芳教授的调查，高校教师中师范毕业的仅占24%。

（5）信息技术系列培训讲座

高校英语的所有课程都在多媒体教室授课，同时支持教师逐步开设网络课程，所以高校英语教师要把不断提高信息素养作为自己的一项重要工作。为了配合教师的教学，可以引进教育技术专业毕业生，除了维护电教设备的正常运转外，还可定期培训教师，让教师熟悉PPT的制作、电子表格的使用和制作、SPSS统计软件的使用、教学用语料库的建立等。

2. 提高科研能力

高校英语教师都是由传统的英语语言文学专业培养出来的，在学科和跨学科知识结构方面难免先天不足。外语专业的学生在读书期间未受到必要的科研方法和技能的训练，加上缺乏科研条件和氛围，许多高校英语教师也就缺乏科研意识。因此，营造研究氛围，提高高校英语教师的科研能力，创造研究条件，解决研究成果的固化问题就成了高校英语师资队伍建设的重要任务之一。

3. 提升学历

（1）设立留学基金

为了鼓励教师去国外攻读硕士、博士学位，提高教师学历的国际化程度，可以设立青年教师国外攻读硕士学位基金资助教师赴海外攻读学位。

（2）设立学位提高奖励基金

学校可以规定外语学院教师只要获得高一级学位，除了享受学校的奖励外，学院还给予奖励。

第三节 信息化教学的理论依据

一、信息技术概述

（一）信息技术的内涵

“信息技术”这一术语含义十分广泛，而且还处于不断发展演变之中，因此很难给出一个确切的定义。为了方便研究和使用，研究者根据自身的理解对信息技术给出了不同的定义。国内和国外的学者对信息技术的定义大致可分为“描述性定义”和“功能性定义”两种。“描述性定义”主要是站在信息技术具体形式的角度来论述信息技术的定义。这类定义主要是观察信息技术的外在表现形式，较为具体形象，容易理解，其不足是不够准确。“功能性定义”注重的是阐明信息技术的内在本质或根本作用，其与信息技术可能呈现或利用的物质或能量的具体形式无关。“功能性定义”中比较有代表性的有以下10种：

（1）信息技术是以信息的输入、存储、加工和传递为主要内容，致力于用微处理机代替电子机械设备。

（2）信息技术是关于信息的收集、加工、存储、检索、传递、利用的理论和方法的总称。

（3）信息技术是以微电子学为基础，计算机技术和电信技术相结合而形成的技术手段，是对声音、图像、文字、数字和各种传感信号的信息进行获取、加工处理、存储、传播和使用的能动技术。

（4）信息技术一般指在计算机和通信技术的支持下，用以采用、存储、处理、传递、显示各种介质信息的技术的总称。

（5）信息技术是指在计算机和通信技术的支持下，用来获取、加工、存储、转换、显示和传输文字、数值、图像、视频、声频以及声音信息，包括提供设备和信息服务的技术方法和设备的总称。

（6）信息技术是指关于信息的产生、识别、提取、变换、存储、传递、处理、检索、分析、决策、控制和利用的技术。

（7）信息技术是指一个信息系统在采集、输入、描述、存储、处理、输出和传递信息的过程中所用到的相关技术的总和。

（8）信息技术是管理、开发和利用信息资源的有关方法、手段和操作程序。

（9）信息技术指人们在生产过程、科学实验以及认识自然和改造自然的过程中积累起来的获取信息、传递信息、存储信息、处理信息以及使信息标准化的经验、知识、技能和体现这些经验、知识、技能的劳动资料有目的的结合过程。

（10）信息技术是能延长或扩展人的信息能力的技术。

以上对信息技术的定义虽然在表述形式上不一样，但在实质上没有较大差别，都是从功能方面揭示信息技术的本质。

（二）信息技术的分类

从不同的角度对信息、技术所包含的基本内容可以对信息技术进行划分，常见的划分标准有如下五种。

（1）根据信息技术是否有实物的表示形式而将其分成“硬”信息技术和“软”信息技术两大类。“硬”信息技术如同计算机硬件一样，是已经转化成具体信息设备的信息技术，如复印机、电话机、数码相机、电子计算机和通信卫星等；“软”信息技术类似计算机软件，是人类在长期信息活动中积累并形成的有关信息采集、处理、检索等的经验、知识、方法与技能，如语言、文字、信息调查技术、信息组织技术、统计技术、预测与决策技术和信息标准化技术等。

（2）根据信息技术组成的基本元素可以将其分为感测技术、通信技术、智能技术及控制技术。①感测技术：包括传感技术和测量技术。它是人类感觉器官功能的延伸，使人们可以更好地从外部世界提取有用的信息。②通信技术：包括信息的空间传递和时间传递技术。它是人类传导神经系统传递功能的延伸。③智能技术：包括计算机硬件技术、计算机软件技术、人工智能技术和人工神经网络技术等。它是人类思维器官功能的延伸，其目的是更好地处理和再生信息。④控制技术：包括调节技术和自动控制技术。它是效应器官功能的扩展和延长，其功能是根据输入的指令信息对外部事物的运动状态和运动方式实施干预，以便更好地应用信息。

（3）根据一定的次序划定的等级可将其划分为主体信息技术和应用信息技术。①主体信息技术：是按照技术的功能区分出来的信息技术，包括感测技术、通信技术、计算机技术和控制技术等。其中，通信技术和计算机技术是整个主体技术的核心部分。②应用信息技术：指针对各种实用目的，由主体技术衍生的各种应用技术群，亦即主体技术通过合成、分解和应用生成的各种具体的实用信息技术。应用信息技术广泛渗透到工业、农业、军事、教育、科学文化等各个领域，构成了一个完整的应用技术体系。

（4）从信息系统功能的角度可将信息技术划分为信息输入输出技术、信息描述技术、信息存储检索技术、信息处理技术和信息传播技术。

（5）按照专业信息工作的基本环节或流程可将其分为信息获取技术、信息传递技术、信息存储技术、信息检索技术、信息加工技术和信息标准化技术。

以上从不同角度对信息技术进行的划分都不是绝对的。在大多数情况下，各行业、各领域人们的研究目的和使用习惯不同，对信息技术也就有不同的划分。弄清了信息技术的划分，可以此为基础构建信息技术的体系结构。

二、信息技术在教育中的应用

（一）信息技术在高校英语教学中的应用领域

1. 课程设置

依据教育部门相关文件要求，各高校应该根据自己的办学特点、学科优势、师资力量以及软硬件配套现状设计具有鲜明特色的高校英语课程体系。无论是综合英语类、语言技能类、语言文化类还是专业英语类的必修及选修课程，都需要充分考虑对学生听说能力的培养。听说是构成语言能力的技能部分，是完全内化后语言技能的显性体现。学生和教师的英语交流以及学生之间的英语交流会受到范例不足导致语音不标准或者语用不得体的现象发生。因此，为了提高学生的听说技能，各高校在课程设置上应相对弱化教师讲授所占比重，大量使用先进的信息技术，尽可能地营造真实的听说环境。

2. 教学模式

传统的教学模式以单一的教师讲授为主，新时期的高等教育大力倡导以现代信息技术和网络技术为支撑，采用基于计算机和课堂的两种教学模式。基于课堂的教学模式最突出的特点是比较适合读、写、译三种技能的培养和提高。基于计算机的教学模式可在学生自学并有教师辅导的教学环境下，逐步培养学生的听、说、读、写、译五种技能；该模式的优点是可以直接作用于听、说两种技能，并为其余三种技能创造信息化环境。例如，无纸化阅读和电子输入，不仅提高了广大学生的语言文化知识技能，而且全方位培养了学生适应信息时代全新的学习和工作的能力。也有学者提出过计算机和课堂相混合的教学模式，该模式是硬件教育资源充分配置下基于计算机和课堂两种模式的多元融合，可以确保在不受时间和空间限制的前提下，对英语五种技能进行立体化教学。

3. 教学评估

教学评估是检验教学质量、获取反馈信息的重要依据，也是改善教学方法、调整教学策略、提高教学水平的有效手段，它既对学生的学习进行评估，又对教师的教学进行评估。信息技术在教学评估中比较适用于对学生学习进行形成性评估。在学生的自主学习阶段，实施计算机和课堂的教学模式，综合完善的教学管理软件和流畅开放的计算机网络，有助于实时形成大学生自主学习记录，及时建立学习档案，并且为教师提供动态客观的第三方监控，以最终形成评估结论。在对学生的终结性评估以及对教师的评估中，信息技术有助于教学实施者建立完备的评估结论档案体系，在技术上为语言教育研究者和教育行政管理者提供统计上的便利，以利于更深层次地发掘评估结论和教学过程的内在关联，促进行政管理和教学实践的互补协调。

4. 教学管理

教学管理贯穿于高校英语教学全过程。基于计算机和网络的高校英语教学及管理软件将一切在教学和管理中形成的文件以电子文档的形式自动建档并归类，使相关责任主体和学习主体能不受时空限制随时查阅。在基于计算机和局域网的教师讲授和学生自主学习中，教师不必走到学生中间去一一观察或管理，既降低了教师作为观察者对学生心理状态的干扰，又减轻了教师的后台管理工作。在基于互联网的远程学习和第二课堂中，信息技术更能发挥其良好的管理功能，在线互动、收发作业、知识信息的电子传输、学习效果反馈等均可以通过网络课程软件得以实现。以信息技术为利器，教学管理者可以在线培训等方式不断强化对教师的培训，进而提高教学团队的整体水平。

（二）信息技术在高校英语教学中的应用过程

1. 转变教学观念，改进教学方法，开展信息化教学

在传统教学模式下，教师常常处于中心地位，学生处于被动接受的状态，这种英语教学模式已不能满足人才培养的需要。高校英语教师必须转变教学观念，接受新事物、新技术，积极学习网络多媒体技术，深刻了解网络多媒体技术应用于高校英语课堂为英语教学带来的变革性影响，积极利用网络多媒体技术进行课堂教学，改进教学方法，积极探索新的教学模式，力求使多媒体信息技术更好地为英语教学服务。

在高校英语教学中应用信息技术，不仅要转变教学方法和教学手段，而且要转变教学理念。教师是知识的讲授者和传播者，教学的目的是培养学生，使其掌握新知识、新技能。学生是高校英语教学中的对象和主体，因而高校英语教学效果应以学生的学习效果为依据，而学习效果在很大程度上取决于学生主体性的充分发挥。学生的主体性要求教师把学习的主动权交给学生，给他们自主学习的时间与空间。所以，教师应当摒弃以教师为中

心，单纯传授语言知识和技能的教学思想和实践，而转向以学生为中心，既传授语言知识与技能，又注重培养学生语言实际应用能力与自主学习能力的教学思想和实践技能，使教学以培养学生终身学习能力为导向，逐步实现终身教育。信息技术需要最终应用于教学实践中，只有这样，才能发挥其服务于高校英语教学、改变教学模式、培养学生自主学习能力、提高学生综合文化素养的作用。首先，可以在课程设置时充分考虑高校现有的信息化软硬件环境，设计出符合自己办学特点的高校英语课程体系。其次，在教学模式上应充分利用现代信息技术，采用基于计算机和课堂的英语教学模式，改进以教师讲授为主的单一教学模式，体现高校英语教学实用性、知识性和趣味性相结合的原则，从而调动教师和学生两方面的积极性，尤其要体现学生在教学过程中的主体地位和教师在教学过程中的主导作用。再次，在教学评估中应加大对现代信息技术的利用，以及以此为依托的评估结果所占的比重。最后，在教学管理工作中，可以开发综合性的教学管理软件，以便各类教管文件的存档管理、教学活动的动态监控、教师的在线培训等相关活动的开展。

2. 改革评价方式，关注学习过程

评价方式是教学中的重要环节。高校英语教学要求我们改革评价方式，关注学生学习过程中的情感态度、学习方法、实践能力等综合因素，对学生实现全面、客观、科学的评价。信息技术在高校英语教学中的应用，能赋予教学评价更多的指导作用和教育意义，实现以评促学。例如，教师可以利用网络教学平台的存储功能，为每个学生建立“个人作品集”，将学生的课堂表现和课后作业以音频、视频或图片的形式存储起来，使学生发现自己在英语学习中的长处与不足，看到自己的成长与进步，再对学生进行过程性评价和激励性评价，使学生通过评价，体会到学习英语的乐趣，提高英语教学的效率。

3. 架构信息化教学环境，加强网络资源库建设

一方面，配备计算机，建设计算机辅助教学语言实验室，架设局域网络，开放与网络连接的端口是信息技术应用于高校英语教学的物质基础，也称作“硬环境建设”。一般来讲，高校在架构设备设施时，应处理好以下三方面的关系：办学特点、投资成本、利用效率。在投入之初，应当积极开展专家论证、教师调研、实践考察等多种活动，以设计出符合本校办学特点、节约资金且能发掘其最大功效的硬件体系。另一方面，开发和建设各种基于计算机和网络的教学软件以及网络课程是信息技术应用于高校英语教学的技术保障，也称作“软环境建设”。软环境建设也需要考虑以上多个方面的因素，通常可以采用独立软件开发和开放式软件采购的方式。独立软件开发适用于统筹有自己办学特色的各种硬件设备，使之能高效协同运作，这一类软件的开发不会耗费大量的资金，且能充分考虑到各

高校的硬件现状以及教师的使用习惯，极具个性化特征。开放式软件采购主要指与教材相匹配的各种教学软件、网络课程以及与之相适应的评估和管理软件。由于这类软件多基于教材，具有很强的专业性，依靠某个高校内的成员是很难完成的，因此这类软件多由国家教育经费支持，综合全国专家和技术人员共同设计配套开发，各高校直接购买即可。

完善的网络多媒体信息设备是信息技术辅助高校英语教学的先决条件，学校有关部门应该积极筹集资金建立多媒体教室、语音室，搭建稳定的校园网络平台，以保证英语教学的顺利进行。此外，学校还要配备相关的技术人员负责校园网络的维护和多媒体使用的指导工作。

网络资源库是用信息技术辅助高校英语教学的必要条件之一，只有丰富的、多样化的网络多媒体资源才能满足教师教学的需要。因此，学校应该组织有关人员讨论研究，深入学生中，积极制作多样化的多媒体课件。课件制作应该以学生为导向，符合学生认知规律，同时能充分调动学生学习的积极性和主动性，使学生在轻松愉快的课堂氛围中学习英语，有效地掌握英语基本知识和基本技能。

4. 组建信息化教学管理团队

组建团队是信息技术得以在高校英语教学中高效应用的重要环节，一般包括以下三个方面的工作：一是选择成员。在教师团队里，要兼顾年龄分布、职称结构、操作技能这三个方面的因素。管理团队的组建需要将行政管理人员和工程技术人员纳入进来，并且要充分考虑学生人数和教师教辅人数的比例。二是明确职能分工。这主要针对教师、教辅及管理人员而言的，其职能分工应与教学目标相匹配。三是建立团队运行管理机制。包括日常沟通机制、应急处理机制、奖惩机制、准入和准出机制等。

英语教师是网络多媒体教学顺利进行的关键所在，教师只有熟练掌握多媒体技术，才能在实际教学中运用自如，才能使网络多媒体技术有效地辅助英语教学。因此，学校必须加强对英语教师的信息技术培训工作。首先，学校可以聘请信息技术人员来校举办讲座，或者利用寒暑假开办培训班，教授英语教师基本的网络多媒体理论和技能。其次，学校还可以定期派英语教师去其他学校交流学习，学习如何利用网络多媒体技术进行英语教学，如何在保证教学质量的同时，增加教学过程的多样性和趣味性。

（三）信息技术在高校英语教学中的作用

1. 有助于调动学生学习英语的积极性

实验证明，人类主要通过听觉和视觉获取大量的信息，而且这样获取的信息印象更为深刻。高校英语课堂使用网络多媒体信息技术可以将图像、声音、文字等信息融为一体，通过人机交互，多方位地刺激学生的感觉器官，全面调动学生的听觉和视觉，为学生营造一个轻松愉快的真实场景，有效地激发学生的学习兴趣，调动学生学习的积极性、主动性和创造性。

2. 有助于学生个性化的发展

在传统的高校英语教学中，无论是教学手段还是教学方法都是单一的，教师主要通过口头讲解和纸质教材向学生传授各种语言知识，这种方式很难刺激学生的学习兴趣，学生的学习行为只是被动的、僵化的，学生的个性化难以得到发展。现在教师可以运用信息技术手段辅助高校英语教学，根据教学内容的不同要求，将文字、图形、图像、声音等物理媒介组合起来，形成多媒体课件，为学生创造一个全新的、多元化的、原汁原味的外语学习环境，让学生充分体会这种语言环境。

在实践教学中，教师可以根据学生的不同个性、不同层次充分使用信息技术设备设置难易不同的学习内容，存储于网络服务器中，方便学生随时调用这些资源。语言学习环境的建立可以充分调动学生学习语言的兴趣和积极性，也可以转变以教师为中心的教学模式。尊重学生在教学中的主体地位，对于学生个性的形成、创造性思维的培养都是极为有益的，对于学生综合素质的形成也会产生深远而重大的影响，在高校英语教学中能真正实现灵活多样的个性化教学。

3. 有助于培养学生自主学习能力

高校英语课堂中运用多媒体技术辅助英语教学，彻底改变了传统课堂中以教师为中心、学生被动参与的单一教学模式。新型的教学模式以网络多媒体技术为平台，使学生主动参与其中。学生可以根据自己的情况，自主选择所要学习的内容和学习方式，自由地获取所需的知识和信息，以满足自身求知的欲望。该教学模式可以极大地调动学生学习英语的积极性，培养学生自主学习的能力。

高校英语教学的目的，不仅是向学生传授语言知识，更重要的是培养和提高学生运用英语进行交流的能力。要使英语真正成为信息化和国际化社会必备的工具性知识和交际工具，运用信息技术构建情景式教学环境是教学过程中的一个重要手段。

在教学过程中，利用音频技术和多媒体技术营造逼真的交际环境让学生产生身临其境的感觉，有助于激发学生的学习欲望，让学生主动参与教学实践，使学生的口语表达能力得以提高。通过模拟某一国际会议的工作布局和完整流程，能从感官体验上锻炼学生的心理素质；通过嵌入式系统、以太网技术、多通道分组通信实时传输协议等数字技术，能对学生进行口译训练、翻译训练、译员训练、同传训练等，使学生的外语技能得到全面的锻炼。通过活泼多样的教学方式，将学与练有机结合起来，对学生英语学习能力的提高会起到事半功倍的作用。

4. 有助于培养学生跨文化交际能力

在高校英语课堂中使用网络多媒体信息技术，能为学生提供大量的真实语言环境，让学生身临其境，有助于提高学生的跨文化交际能力。在以前的英语课堂上，英语教师大多是单纯地授课，学生也只是被动地接受和记忆语言知识。而对于语言这一门特殊的学科而言，缺少了语言环境，语言的学习效果就会大打折扣。而多媒体信息技术能通过大量的图文、动画为学生创造一个真实的语言环境，让学生沉浸在真实的语言情境之中感受英语的魅力，真正理解英语语言和文化，培养学生的跨文化交际能力。

三、信息化教学的定义与有效性分析

（一）信息化教学的含义

目前，信息化教学尚没有一个确切的、权威的定义，国内有影响的说法主要如下：

（1）信息化教学是与传统教学相对而言的现代教学的一种表现形态，它以信息技术的支持为显著特征。当然，以信息技术为支持只是信息化教学的一个表面特征，在更深层面上，它还涉及对现代教学观念的指导和现代教学方法的应用。

（2）信息化教学是以现代信息技术为基础的新的教学体系，包括教学观念、教学内容、教学组织、教学资源、教学模式、教学技术、教学评价、教学环境、教学管理等一系列的改革和变化。信息化教学主要包括六个要素，其中信息网络是基础，信息资源是核心，信息资源的利用与信息技术的应用是手段，而培养信息化人才是目的，信息技术产业和信息化政策、法规和标准是其保障。信息化教学是以教学过程的设计和学习资源的利用为特征的。

（3）信息化教学是信息化教育的主干、核心和重要的表现形态。相对于传统教学，信息化教学是以现代信息技术，特别是计算机技术支持为显著特征的一种教学形态，但是，这并不意味着“技术中心”“技术为本”“技术决定论”，而是技术为教学服务。也就是说，信息化教学利用现代信息技术更好地创造“以人为本”“以学生的发展为本”“以适应信息社会的生存为本”的教育教学条件、环境，使教学效果更明显，使学生的学习更有价值。

（二）信息化教学的特点

与传统教学相比，信息化教学的特点主要表现在教学和技术两个层面上。

1. 在教学层面上

（1）教学理念的革新化

与传统教学理念相比，信息化教学理念主要表现为“三个转移”。

第一是教学“中心的转移”，即由以教师为中心转移为以学生为中心，由以教为中心转移为以学为中心，由以传授知识为中心转移为以“人力开发”（智力、心力和体力）、能力培养特别是创新思维能力培养为中心。

第二是教学“目标的转移”，即由培养知识型人才转移为培养能力型（重点是信息能力、创新能力和学习能力）、素质型人才，由适应计划经济社会的工作型人才转移为适应信息社会、知识经济、市场竞争、高科技、数字化环境的应用型、创造型人才（主要表现为全面+个性，人脑+电脑，智商+情商）。

第三是教学“技术的转移”，即由普通的传媒技术转移为以计算机为核心的高新信息技术，由模拟技术转移为数字技术，并由此引发教学模式、教学手段、教学环境乃至教学理论、课程与技术的整合等一系列的变革和转移，这也是信息化教学的重要标志之一。

（2）教学主体的广义化

教学主体任何时候都是学生与教师。与传统的学校教学活动中教师与学生的含义相对具体固定相比，信息化教学活动中教师与学生的含义要广义得多。教师不仅有“人化”的实体，更有“物化”的电子教师（如各种形式的电子课件），还有“拟人化”的虚拟教师（各种网络教学平台和智能教学系统）；学生也不再仅仅是局限于学校里的按学科、按专业划分班组的学生，而是包含无界域的、社会性的、广泛的校内外学习者。

（3）信息表征的多元化

多媒体技术的运用，使教学信息的表征由简单的文字、语言、图表、实物发展为语音、文字、图形、视频、动画等多元化、一体化的表征形式，这更有利于学习者调动多感官学习，也更符合不同类型的学习者的需求，有利于提高学习效率。

（4）教学资源的共享化

互联网在全球的普及，使全世界的教育教学信息资源构成了一个巨大的资源库，供广大的学习者在任何可以上网的地方共享使用，如各种网络教育教学站点、各种虚拟软件库、各种电子期刊、各种数字化图书馆等，这就为社会化学习、基于资源的学习奠定了强大的基础。不仅如此，网络还可创造一种前所未有的“集体智慧”资源，使世界各地的教育家、科学家、思想家、艺术家联结起来联机思考，将思考结果存于互联网数据库之中，构建成交互式人类共享大脑和思维库，这将超越任何个人的能力和智慧，使人类比以往任何时候都更加聪明。

（5）教学目标的价值化

教学目标的价值取向不再单纯是使学生获取知识、掌握技能，培养适应计划经济的工作型人才，而是以“人力开发”为目标的素质教育：以创新精神和创新能力为核心的能力培养；以信息素养特别是信息能力、终身学习能力、信息化生存能力为主体的应用型人才。这将使教学对象（也是教学产品）——学习者及其学习更富有价值。

（6）教学过程的个性化

在现代信息技术的支持下，信息化教学可以真正实现让教师“因材施教”、让学生“自主学习”，特别是利用人工智能建构的智能教学系统（或智能导师系统），可以依据学习者的认知特点、个性和学习方式进行教学和提供帮助，实现真正意义上的“个别化教学”“个性化教学”，这就为培养学习者的创造性学习能力（个性是创造性的基石）创造了良好的条件。

（7）教学策略的灵活化

利用现代信息技术，人们创造了信息化的教学环境和信息化的教学模式，当然也制定了相应的信息化的教学策略。例如：教学的组织形式由以课堂为中心的集体授课形式变为网络环境下的个别化、自主化教学，协作式、探究式学习，基于资源、基于问题的学习等形式；教学程序由线性组织变为非线性的网状组织；教学方法由教师导向变为双向、多向交互；教师由知识的传授者变为学习的指导者、咨询者、帮助者和协作者；教学媒体手段由普通媒体变为现代高科技信息媒体；等等。

（8）教学评价的过程化

与传统的教学评价相比，信息化教学评价不再以考试评定结果、以分数衡量优劣，而是更重视过程评价、自我评价、主观评价、形成性评价、资源评价以及绩效评价，更趋于科学化、人性化，更富有价值。

2. 在技术层面上

（1）教学材料的多媒体化

教学材料不再是以印刷媒体为主的“死的”教材，而是以计算机多媒体、超媒体为主的集结构化、动态化和形象化于一体的“活的”教材，如各种多媒体、超媒体课件，各种教学系统（包括智能教学系统）、教学平台，各种学习认知工具和教育、教学软件等。“活化”的教材更适合人的“活化”的认知和思维。

（2）教学手段的现代化

现代信息技术的运用使信息化教学手段从传统教学的教材+粉笔+黑板+传统媒体，改变为以计算机多媒体技术、网络技术、人工智能技术为核心的现代化手段，使教学效果更优化，教学效率更高。

（3）教学系统的智能化

随着人工智能技术的不断发展，各种智能教学系统、智能导师系统、智能教学代理系统等不断应用于教学，使教学更趋于人性化，使人际交互、内容交互更趋于舒畅、自然，使学习更趋于个性化、智能化、自主化。

（4）教学媒体的数字化

以计算机为核心的数字技术的发展，使教学媒体、教学设备全面实现数字化，数字化意味着大容量、高速度、一体化、小型化、智能化和自动化，这不仅为人类数字化学习提供了硬件环境和技术条件，而且创造了更好的软件环境。

（5）信息传输的网络化

以计算机网络为核心的网络技术的迅速发展推动了数字卫星通信网、数字移动通信网和互联网的多网融合的趋势，有利于教育信息的传输和教育资源的共享，更有利于数字化学习和终身学习的实现。

（6）教学环境的虚拟化

信息化教学的最大特点就是教学环境不再受物理时空的限制，如虚拟教室、虚拟实验室、虚拟校园、虚拟学习社区、虚拟图书馆、虚拟阅览室等的使用，使学习超越地域、年龄、文化背景等限制，不仅为数字化学习创造了环境条件，而且为全民教育、终身教育的实现创造了环境条件。

（7）教学管理的自动化

与传统的人工化教学管理相比，由现代信息技术支持的教学自动化管理系统实现了全方位的教学自动化管理。从网上招生、电子注册、自主选课、建立电子学档、学习过程监控、学习任务分配、学习问题诊断、教学指导、教学活动记录、作业批改、网上测试、教学评价、教学成果或电子作品展示一直到网上毕业、就业信息等，通盘可实现自动管理，加快了教学信息化进展的步伐。

（三）信息化教学的实践领域

信息化教学的根本目的在于借助现代信息技术和信息资源，为学习者创设良好的信息化学习条件，培养学习者利用信息技术自主、高效学习的能力和终身学习的能力，以适应信息社会发展的需要。

信息化教学的实践领域主要包括现代远程教育、学校信息技术教育、教育管理及各种信息技术人才培训三个领域。其中，现代远程教育领域主要体现在国家开放大学、普通高校网络教育学院和面向基础教育的各种网校等；学校信息技术教育领域主要体现在学校的信息化软硬件的建设、信息技术知识的学习和培训、信息技术与课程的整合等；教育管理及各种信息技术人才培训领域主要体现在各种教育系统，特别是学校教育、教学系统的信息化管理和信息技术人才（教师、管理人员、辅助人员等）的培训等。

在这三个领域中，利用计算机多媒体特别是计算机网络实施教学是信息化教学的主流和代表形式。因此，对信息化教学的研究主要是对网络环境下的教与学及其相关问题的研究。

网络——这里主要指计算机网络，包括广域网和局域网，如互联网、城域网、校园网等。网络既是教学信息的载体，又是教学信息传播的媒体；既是教学资源（互联网是世界上最大的资源库、图书馆），又是教学环境（互联网是世界上最大的学校、教室，是超越时空地域、可覆盖全球的集成教学环境）；既是信息化教学赖以进行的、最先进的交互工具，又是教学结果及时获得评价的技术手段；既是现实的，又是虚拟的；既具有物理的、社会的、文化的特征，又具有心理的、认知的特征。

网络教学是目前信息化教学的主要表现形式，它是指利用计算机网络的特性功能和资源环境进行的教与学的活动；或者说是借助互联网建立有意义的学习环境（如网络学习资源、网络学习社区、网络技术平台等），以促进和支持学习者学习的教学活动。网络教学既是教与学的活动过程，又是学习资源开发、利用、创造、再生的过程；既是学习者自主学习知识的有效途径，又是开发、培养、创造、提高信息素养、自我价值，完善自我人格的有效途径，更是终身教育得以实现的有效途径。

（四）信息化教学的有效性分析

1. 信息化教学有效性的价值取向：关注和追求

价值取向是价值哲学的重要范畴，指的是一定主体基于自己的价值观在面对或处理各种矛盾、冲突、关系时所持的基本价值立场、价值态度以及所表现出来的基本价值倾向。简单理解，价值取向就是我们站在什么角度考虑问题，基于什么理念考虑问题。信息化教学有效性的价值取向就是我们在对信息化教学有效性的评判中按照某种价值观念进行价值选择和行为决策时所表现出来的价值倾向性。在讨论信息化教学有效性的价值取向问题时，我们要搞清楚两个问题：信息化教学有效性关注什么？信息化教学有效性追求什么？

对这两个问题的回答正是对信息化教学有效性的内容与目标的回答，也是理解信息化教学有效性的核心所在。

（1）信息化教学有效性关注什么——从封闭的主体二元对立关系走向互动对话的交互主体性教学

课堂教学的有效性，不仅是课堂教学问题，还是教学问题。那么信息化教学有效性就不应局限于课堂教学目标是否达成、课堂教学方法是否恰当等课堂问题，而是要更全面地从教育教学的本质上理解。教学本质是一个师生互动的双边关系，信息化教学有效性也应该在双边关系的基础上处理各种教学问题。

在以往的信息化教学讨论中，我们似乎形成了两种相互对立的观点：一种观点认为有效的信息化教学是合理运用信息化手段支持有效的“教”，这种观点在信息化教学开展之初成为一种主流的观点。在这种观点的引导下，信息化教学就要关注如何促进既定的教学目标的实现，如何实施更为优化的教学策略等，主要运用信息化手段提高教学的效率、效果。也就是说，信息化教学有效性的关注点在教师的“教”。另一种观点则认为有效的信息化教学是有效地支持学生的“学”，信息化教学的有效性是从学生的学是否有效来评判的。这种观点比第一种观点前进了一步，它关注了教学对象和教学目的。

然而，这两种观点主要围绕教学的效率和学习目的提出了信息化教学有效性的基本思路，这种思路体现了人们强烈的“工具理性”思想。工具理性是指反映在计算、测量、组织、预测等技术行为中的认识能力，其目的在于追求行动的效率和功利的最大化。这种“工具理性”思想，在早期的信息化教学实践中起到了较为重要的作用，可以说它是教学中介性以及有效教学的基础。如果教师不经常借助工具理性对教学中介进行质疑和反思，那么教师就不可能实现有效教学。然而，以工具理性为基础的关于课堂教学有效性的理解可能会带来教学伦理性与教学双边性的缺失。

信息化教学有效性关注的维度不应走向工具理性的旋涡，除了直观的、可测量的教学效果和效率，更要关注师生这一对二元主体的情感以及教学交往。如果我们单方面从教师的“教”和学生的“学”的角度理解信息化教学有效性，便割裂了教学双边二元主体之间的交互特性，难避“机械、肤浅”之嫌。在现实中，我们也能看到这种双极化的实践误区。在从以教师为中心向以学生为中心转变的过程中，很多教师没能把握好度，过分强调学生主体地位，让学生在课堂上放任自流。而在相关的研究中，为了搞好信息化教学，我们一味地要求教师考虑如何突出学习者的主体性，如何让学习者的学习变得轻松，让学习者取得收获，而使教师感到迷茫和不知所措，甚至极大地加重教师的教学任务和思想压力。试想一下，对教师而言，在如此繁重的任务和沉重的压力下，这种教学理念和形式能真正持续有效吗？长此以往，只会造成信息化教学的低效甚至负效，这也是很多教师批判甚至放弃采用信息化教学的主要原因之一。因此，有效的信息化教学应从封闭的主体二元对立关系走向互动对话的交互主体性教学。

交互主体性是指人们在交往过程中都是主体，交往各方有相对的独立性，彼此互相承认、互相尊重。同时，它强调了“交互”的特征：同样具有主体性的人与人之间又总是在某种共同的联系之中彼此相互影响、互相作用。这种彼此之间的相互影响、相互作用以及由此引起的变化或发展又总是在同一个过程中，作为不可分割的整体同时发生。相较于传统教学，信息化教学的交互性特点和影响更为突出，它既能突出学生在学习中的主体地位，又能提高教师的教学效率。任何单方面的提高都不能称为有效的信息化教学。在信息化教学中，要达到有效的教学，就必须遵循交互主体性教学规律，关注教学主体的二元性，关注教学的双边互动性以及教学活动的生成性。首先，在信息化教学中要做到教学过程中主体地位的平等，教师和学生双方都不可能以单纯的主体身份而把其他主体当作客体对待。因此，信息化教学不能过于偏向以教师为中心的课程教学体系，也不能过于偏向以学生为中心的课程教学体系，教学过程、教学内容以及信息化教学手段和信息化教学模式都必须在充分尊重双方主体身份平等的条件下进行设计和实施，教师和学生作为互动主体都应该在教学活动中实现其自主性和主动性。其次，信息化教学的交互主体性还要求在教学中通过互动和交往实现其有效性，这里涉及交往的一个基本问题——教师和学生对信息化教学的理解和共识是实现有效信息化教学的前提条件。这一点是至关重要的。在以往的教学实践中，我们经常看到教师煞费苦心地设计了一堂自认为很完美的信息化教学，精心地安排和运用了技术手段，然而教学中却得不到学生的支持，无法与学生达成共识，最终事与愿违，事倍功半。因此，有效的信息化教学应关注教学交往过程中师生共同的体验、相互认识的心理倾向。

（2）信息化教学有效性追求什么——追求人的发展是信息化教学有效性的核心价值诉求

从开始至今，信息化教学大致经历了最初的热情追捧—理性思考—批判中发展几个阶段，每个阶段人们的关注点和追求都有着不同的变化。由最初追求技术的先进性到现在关注应用的适切性和合理性，人们对信息化教学有效性的理解走过了一段由感性到理性的进化过程。如今，人们对信息化教学有效性的“有效追求”有了更深刻的理解。

人的发展始终是教育的终极目标，信息化教学有效性的目标应是促进教学中人的发展。从“人的发展”这一视角检视我们的信息化教学有效性，就不仅要看学生掌握了多少内容、积累了多少知识，更要看我们的信息化教学是否对学生以后的学习和发展产生了影响，看学生在信息化教学中获得了怎样的实质性发展。这里涉及一个非常重要的方面——学生高级思维能力的发展。信息化教学环境为学习者的知识建构和高阶思维培养提供了良好的环境，其目标和价值追求就不能仅仅局限于学生知识的积累，更重要的是在信息化教学中追求人的高阶思维发展，注重学生适应信息化社会的全面能力的培养。信息化教学不仅有效追求信息呈现的多样化、知识的增长等表面上的效益，更应该追求运用技术创设丰富的学习环境，促进知识的自主建构和高阶思维技能的培养，这才是信息化教学有效追求的深层含义。

有了这些思考，我们再考虑课堂教学有效性的“有效追求”时，就必须弄清楚真实有效和虚假有效。真实有效主要指实现教学的实在价值，虚假有效主要指实现教学的符号价值。这两种价值的区分在很大程度上取决于教学评价思想，也就是如何评定教学价值。教学评价是教学价值取向的风向标，传统的教学评价广为诟病的是其评价的绝对性和静态性，人们常常以是否达到教学目标评判教学的成败，具体的实现方法就是以学生的直观表现和标准化的考试来甄别。而在信息化教学评价中，应摒弃这些缺陷，注重人文性和发展性。有学者认为，信息化教学评价应坚持两个原则，即“多元评价”原则和“评价为了发展”原则。多元评价包括评价主体的多元化、评价方法的多样化、评价内容的多维化。发展性评价指我们在评价时以发展的眼光和发展的视角看待教学效果。这两个原则很好地阐释了信息化教学评价的思想和理念，对鉴别信息化教学有效性是很有意义的。在实践中，丰富的信息化教学形式为教学评价带来了多样的评价手段和评价技术，我们需要根据不同的信息化教学形式选择适宜的评价方式，兼顾过程性评价和总结性评价，不能仅仅以学生的课堂表现及其表象的兴趣和热情判断教学是否有效，而更应该注重信息化教学对学生后续的发展起到了多大的影响和作用。

人们在谈到教学中人的发展时，会惯性地认为此“人”就是学生，促进人的发展就是促进学生的发展。当然，这一点毋庸置疑，但从更为全面的角度看，有效的信息化教学应追求教师和学生的共同发展，这才是可持续的发展、生态的发展。要实现交互主体性教学就要实现教与学双方的主体地位，如果教师的主体地位得不到体现，必将影响学生主体地位的实现。同样，信息化教学中，教师得不到发展，学生的发展也很难真正实现。试想，教师在信息化教学中只是疲于完成任务，其体验和价值实现得不到满足，则这样的信息化教学很难带给学生持续的、全面的发展。因此，信息化教学有效性追求人的发展具有生态性，追求教学系统内主体之间的相互依赖和共同发展，以及整个教学系统的动态性、自主性，只有把学生的发展和教师的发展放到一个系统中认识，才能实现个体全面发展。我们在评判信息化教学是否有效时，不仅要看学生获得了怎样的发展，同样要关注教师在教育教学实践中是否不断地获得发展。当然，这种发展是多方面的，包括教师对信息化教学的认识、态度和情感，也包括教师的信息化教学能力的提升，如信息化教学设计能力、信息化教学方法的运用能力等，表现为能轻松自如地处理信息化教学中的各种问题，不至于为了搞好信息化教学而身心疲惫地完成任务。

2. 信息化教学有效性的实践理念与途径

信息化教学有效性的实现，是一个复杂的系统工程，需要多方面的支持和保障。信息化教学有效性的实现条件并不是简单机械地依据某条规律确定出某条原则，往往呈现着错综复杂的情况。这就要求我们从其内涵及目标取向出发，全面考虑有效教学的原理和信息化教育的研究成果，综合概括地提出指导实践工作的基本要求。在对上述系统的理论思考及实践反思的基础上，我们认为信息化教学有效性的基本理念与途径应包括以下三点。

（1）生态的信息化教学观

受信息化教学的理论基础、影响因素、现实环境等多方面的影响，信息化教学实践注定是一个复杂的过程。在这种复杂的实践环境中，我们要实现有效的信息化教学，就必须全盘考虑各种“限制因子”，以全面、联系、平衡的思维看待信息化教学有效性问题。整体观、联系观与信息化教学实践的复杂性不谋而合，它要求我们不能漠视其中任何一个因子，不能割裂其间固有的联系，应以相互联系、和谐共生的思维和理念开展实践。以往的信息化教学实践思维常常是单向、单一的，往往将有效性的取向和标准局限于某一个因子，如关注信息化教学的技术手段而忽视人，关注学生的发展而忽视教师的心理情感等，这样的实践给我们带来了现实的困境。事实上，作为一个以人的发展为最终目标的教育实践活动，信息化教学的复杂性和多样性毋庸置疑。因此，要实现有效的信息化教学，从生态观的视角审视和指导信息化教学的有效性就显得十分重要。生态观的主要观点体现在系统性、动态性、和谐共生等特征上，其观点和方法论对信息化教学实践具有很强的适切性，要求我们树立全面、协调、可持续发展的思想，促进信息化教学的有效发展、和谐发展。

（2）学教并重的交互主体性教学模式

在信息化教学的研究与实践领域，人们不断地探讨新的信息化教学模式，但从现有的成果看，大部分属于以学生为中心的教学范式。这种教学模式较大地发挥了学生主体的作用，对改进传统教学起到了非常重要的作用；然而，它将教学活动交互双方的主体性片面地理解为学习者中心论，割裂了教学双边主体之间的交互特性，容易造成对教学的应有主体（教师）的漠视，这样不利于信息化教学的可持续发展，因此它显然不足以达到真正的有效。因此，我们探讨的有效信息化教学应是在重视教师和学生双方主体地位的基础上实施交互主体性教学模式。交互主体性教学要求我们所开展的信息化教学活动不能是一种单纯的主客二元对立的活动，教师和学生在主体平等基础上在信息化教学中应产生联系，这种联系是多方面的，包括教学目的、教学内容、教学方法、教学手段等。

（3）动态开放的发展性评价原则

有效教学与有效评价是密不可分的，对信息化教学有效性的探讨离不开对信息化教学评价的思考。信息化教学有效性追求的是人的发展，那么我们评价信息化教学是否有效就要看信息化教学活动是否满足教与学双边主体的发展需要以及信息化教育教学发展的需要。信息化教学是一个动态的、不断变化的活动过程，它较传统教学而言充满了更多的不确定性和生成性，因此我们在评价中不能因为突出某一方面而以偏概全。

我们在评价过程中要坚持动态开放的评价原则。动态性要求我们不再过分注重结果的评价，而是注重教学过程的评价，注重信息化教学过程中教师与学生双方的满足感以及发展性。开放性要求我们在评估信息化教学有效性时坚持评价内容广泛性、评价方法多元性。信息化教学有效性的评价要面向主体发展，注重教学实践的长远需要。在信息化教学评价中，要充分发挥教师和学生双方的主观能动性，重视教学有效性与教师专业发展双重发展，建立一种发展性教学评价体系。

信息化教学的有效性，绝不是简单的教学目标的实现，也不能窄化为在多大程度上提高了教学效果。我们认识和理解信息化教学有效性时应将它置于一个更为系统、更为深入的层面。信息化教学有效性关注的维度是交互主体性的实现，其核心价值诉求是追求教师和学生的共同发展。这些理论上的认识会对信息化教学的有效进行起到一定的指导作用。

第二章　信息化时代下的高校英语教学设计与方法

第一节　高校英语教学设计

高校英语教学设计是高校英语教学理论和教学实践相结合的中介和桥梁，其主要目的是将教学理论应用于教学实践以解决高校英语教学中存在的问题。高校英语教学设计的好坏直接关系到高校英语教学质量的高低。在信息技术越来越深刻地影响着每个人的认识和行为方式的大背景下，高校英语教学设计也需要对以书本、粉笔和黑板等传统教学媒体为基础的课堂教学进行改革和创新，以满足教学目标、内容、方法和形式上的全面改革的需要。

一、高校英语教学设计的理论分析

（一）英语教学设计的相关理论分析

英语教学设计是一种设计活动，教师应科学把握教学方法、学习过程、学习活动、评价活动等的特性，才能科学设计教学。此外，教学设计作为教师的预设，在学生的自我建构过程中，教师可能面对无限的生成现象，因此要充分把握教学设计的可修改性，根据学生真实的学习过程，不断修改、调整教学过程和教学活动，促进学生英语运用能力的形成。

1. 英语教学设计的特征

（1）预设性

英语教学设计是在课堂教学活动开展前对整个英语教学活动的预先分析与决策，是一个构思、策划并制订教学活动方案的总过程。英语教学设计的预设性包括对教学目标、教学内容、教学策略、教学方法、教学活动、教学评价等的预设。

英语教学设计的这一特点，对英语教师提出了更高的要求。英语教学设计的预设性特点，要求教师不仅能够比较准确地把握英语学科的最终目的、一定阶段（如一学年或一学期）的任务，还要求教师把握好整个学科的教学内容、教学策略、教学方法等。因为任何一个学科的教学内容都存在一定逻辑关系，如果不考虑内容之间的关系而随意安排教学内容将不利于英语教学的进行。另外，由于教学策略、教学方法等具有不同的适应性，例如阅读的教学策略并不一定适用于听力教学，因此，教师需要熟悉这些策略、方法等。

（2）整体性

教学设计的理论来源之一是系统理论。由此可知，教学设计过程就是在系统科学方法的指导下，对诸多要素进行系统安排和整合的活动。这也是科学的教学设计与以往的单纯经验性教学设计的重要区别。英语教学活动是由教师、学生、教学内容、教学媒体、教学环境、教学方法等多种教学要素所构成的一个复杂系统，英语教学设计作为教学活动的准备活动，包含了广泛的活动，是由目标设计、内容方法设计、评价监控设计所构成的一个有机整体。

英语教学设计的整体性特征要求教师对教学活动诸多构成要素进行综合与整体的规划与安排。换句话说，英语教学设计的整体性要求就是教师在进行教学设计时，全面考虑和分析整个英语教学活动的各个要素，明确各个要素在教学中的作用，力求使它们在达成教学目标的过程中能够有机配合，充分体现教学设计的完整性与整合性特点。

但是，要注意的是，教学设计的整体性并不是要求教学所有的因素都要面面俱到，而是要根据实际教学目标要求，有重点地突出强化一个或几个因素，从而使教学活动能够做到重点突出、特色鲜明、效果显著。

（3）有序性

英语教学设计的目的是通过对教学活动的规划和组织，使教学活动的诸要素得到有序的、优化的安排，从而提高学生获得语言知识和技能的兴趣，达到理想的教学效果。英语教学是一个循序渐进的过程，英语教学的内容安排、对学生的要求遵循由简单到复杂、由浅入深的先后顺序，如果顺序乱了，就不利于学生的学习。而英语教学设计是对整个教学活动的预设，对英语教学过程具有一定的指导性，因此，英语教学设计也应该具有有序性。

（4）针对性

英语教学设计是对教学的规划和安排，同时也是一个问题解决的过程。它以促进学习者的学习为目的。为了促进学生学习，以学习者所面临的学习问题为出发点捕捉问题，确定问题的性质，寻找解决问题的办法，最终达到解决教学问题的目的。可见，英语教学设计具有很强的针对性，是针对具体的教学情境来设计问题，实际上，任何一种教学设计都是在某一特定的教学活动背景下进行的。这些教学活动背景可以是教学目标、教学对象、教学内容、教学媒体等。教学活动背景不同，教学设计方案就会出现差异。因此，英语教学设计在对某种教学活动进行规划时，不仅要考虑教学目标、教学内容等因素，还要特别强调对教学对象即学习者各方面特点的了解和分析，强调以学生现有的发展水平为起点来设计教学活动。根据教学目标、教学对象、教学内容、教学媒体的不同调整教学设计，就是英语教学设计的针对性特点的体现。

增强英语教学设计的针对性，可以增强教学的针对性，提高了教学的有效性，缩短了教学时间，提高了教学效率，使教学活动形成优化运行的机制。

（5）机动性

系统的英语教学设计具有方案制订的机动性。英语教学设计是对教学活动的预先分析与决策，对英语教学过程具有指导意义。但是，英语教学设计毕竟只是一种对教学的提前规划与安排，而不是教学活动本身，并非固定不变的。因此，教学设计应该具有机动性，便于教师能够根据教学具体情况、要求及时进行修改。实际上，任何有经验的教师都会根据教学过程的实际进程，灵活机动地予以修正、变通，以适应当时的教学实际需要。

2. 英语教学设计的具体流程

（1）分析

①学习者分析

准确分析学习者是成功开展教学设计的一项决定性因素。学习者分析是通过分析、调查，把握学习者的心理特征、学习风格、已有知识和技能等，为教学内容的选择和组织、学习目标的编写、教学活动的设计、教学方法与媒体的选择和运用等提供依据。就整个教学设计来看，其始于学习者分析，教学设计的所有环节都是建立在学习者特征分析之上的。故唯有对学习者的英语学习特点进行精准把握，才可能设计与之相符的教学目标、教学策略、教学技术和教学过程与评价标准。

立足英语教学设计层面，学习者分析时要对学习者的真实学习目的、真实学习动机、已有知识技能、知识认知机制、学习心理顺序、学习逻辑顺序、英语学习机制等进行精准掌控，因为这些要素都对英语教学设计有着根本性的影响。

②学习需求分析

学习需求就是学习活动要达到的学习目标与学习者现有的学习水平之间的差距。学习需求分析就是通过科学、系统的调查与分析，确定学习者的学习需求。

学习目标的确定是学习需求分析的关键。确定学习目标需要结合社会需求和个人发展需求，充分考虑可以利用的各种资源（教师、学生、教学设施、教学媒体、教学材料、教学经费等）和各种相关的促进与制约因素，确定合理的、科学的学习目标。学习目标的确定需要考虑长期的目标、中期的目标、近期的目标，或者是整个学习期间的目标、各学习阶段的学习目标、学年的学习目标、学期的学习目标、单元的学习目标、课时的学习目标。只有形成科学、合理的目标体系，才可能进行合理的教学设计。

确定学习者现有学习起点水平，需要调查、评价与分析学生已经达到的学习水平，尤其是与学习目标直接关联的学习水平。

在英语教学设计中，开展学习需求分析是非常重要的。我们需要依据社会需求、个人发展需求，科学地确定英语学习的目标。可以说，当前我国基础教育英语教学的很多困难，有一部分原因是源于学习目标的不合理。在总目标层面，我们确定了面向全体受教育者的、以培养英语运用能力为总目标的英语教育目标，而我们并不需要全体国民都成为英语使用者。对于个人来说，我们绝大多数的英语学习者确定了中考、高考等英语学习目标，绝大多数学生是考什么就学什么，只有很少学生会为了英语运用能力提高而不那么重视英语考试分数。

③学习内容分析

所谓学习内容，是指教学活动当中，出于达成教学目标的考量而学习的知识与技能、过程与方法、情感态度与价值观的统一体。基于国家英语课程标准，英语课程的学习内容主要涉及语言知识、语言技能、情感态度、文化意识、学习策略五部分。具体的学习内容是课程标准规定的、通过教材实现的语言材料。分析学习内容是使教师明确教学活动，让学习者明白要学什么，这与教学目标密不可分。

现阶段，英语教师立足于英语教学来分析学习内容时。都能够对教学内容的语义内容进行精准把控，一大部分英语教师也能够对语境内容进行把控，但是在语用内容的把控上还存在难点，一般表现为对教学内容进行分析时只分析语义或语境内容，而忽视语用内容，进而造成语用内容的缺失。

所以，在对教学内容予以分析时，需要对教学内容的语义、语境、语用内容予以把控，尤其是语用内容，唯有如此，才能实现学生英语运用能力的全面发展。

（2）设计

①教学策略设计

教学策略是出于完成教学任务、实现教学目标的考量，而从总体上对教学因素进行设计，主要囊括了教学活动的程序、方法、形式及媒体等，具体来看，其涉及对知识与技能教学内容的序列设计，对教学活动过程的系统问题和期望的学生反应的设计，对教学的组织形式和媒体呈现信息方式的设计等；可以细分为课时的划分、教学顺序的设计、教学活动的设计及教学组织形式的选择与设计。

就教学策略来看，其既要与教学目标、教学内容以及学习者特征相符合，还需要对教学条件的可能性进行考量，保证设计的创造性、活动安排的灵活性、环节设计的巧妙性，各方面因素安排的合理性，进而保证设计的系统性、总体性，是其教学功能得到最大限度的发挥。

教学策略分类方法众多，常见的有教学组织策略、教学传递策略及教学管理策略。教学组织策略就是要组织教学过程、安排教学顺序、呈现特定教学内容；教学传递策略就是要确定教学信息传播形式和媒体、教学内容传递顺序；教学管理策略就是要把教学组织策略和教学内容传递策略协调起来（包括时间的安排与组织、教学时的资源分配等）。

对于英语教学设计，这些策略都是不可或缺的。

②教学过程设计

教学组织策略的设计包括教学过程的设计，教学过程对于英语教学设计非常重要，需要专门探讨。所以英语教学设计单列出教学过程设计，以突出其重要性。

教学过程是为实现教学目标而开展的多个教学活动组成的连续过程。在长期发展中，英语教学理念形成了强调任务教学，这也是英语新课程倡导的英语教学途径。

任务教学的教学过程设计应该包括以下内容：

第一，任务呈现。这是向学习者介绍任务的环节，目的是让学习者知道学习语言之后要用所学语言完成的任务，让学习者明确语言学习的目标。

第二，任务准备。这是语言学习的过程，分为输入和吸收两个主要环节。语言输入是教师呈现所学语言——英语，让学习者学习的环节。语言吸收是学习者经过练习内化所学语言项目的环节。吸收是影响语言学习效果的最为关键的环节，没有吸收就不可能有语言学习的结果，学习者也就不可能形成语言运用能力。

第三，任务完成。这是学习者在学习所学语言之后，运用所学语言交流的环节，也是语言运用的环节。

第四，语言巩固。这是在学习者用语言行事之后，对其语言运用中存在的问题，有针对性地进行巩固强化，达到促进语言内化的目的。

③教学技术设计

教学离不开技术，技术既包括黑板和板书等传统技术，也包括现代电子技术、互联网技术、多媒体技术等，这些都有助于教学有效性的提升，故教学技术设计理所应当地成为教学设计的一部分。

教学技术设计主要囊括了教学媒体选择与使用、运用教学媒体辅助教学活动的设计。应立足学习目标、学习内容、学习者特征及教学策略与教学过程的设计，依据各种教学媒体所具有的教学功能和特性，选择教学媒体和设计教学媒体辅助活动，因为各种教学媒体对于教学的功能不同，效果不同，各有所长。教学中也没有必不可少的媒体，只有有效的媒体和媒体的有效使用。教学媒体选择与教学媒体辅助教学活动的设计，直接影响学习目标的达成以及教学策略的实施。

在英语教学设计中，由于视频、音频媒体是语言教学的重要媒体，所以对于这些媒体的设计与选择是非常重要的，但是出于媒体而媒体、出于技术而技术是不可取的，理应基于教学需求而对教学媒体进行选择与使用。

（3）评价

①确定学习成效评价标准与方法

出于教学有效性提升而对教学进行设计，对教学设计进行评价的关键就是教学目标达成与否，而对教学有效性进行评价要以学习成效评价为基础，进行教学评价的一个首要前提就是对学习成效的评价标准进行划定。基于评价目的，可以将学习成效评价划分为诊断评价、学业成就评价等；基于形式，可以将其划分为形成性评价和总结性评价（终结性评价）。

评价学习成效应基于学习目标制定标准。例如，要基于学习的实际情况划定诊断评价的标准，基于学习目标就可以直接确定学业成就评价的标准。

形成性评价常用于对学习过程的评价，评价标准可根据评价需要确定；总结性评价常用于对学业成就的评价，评价标准主要基于学习目标。

现阶段，我国英语教学评价还有待进一步完善，其问题主要表现在评价标准不主流、评价手段缺乏多样性、普遍借助单一的语言知识目标来对语言综合运用目标进行替代，误将总结性评价视作学习过程中的评价。因此，要制定科学的评价标准，丰富评估的手段和内容，注重评估与教学过程的结合。

②形成性评价

所谓形成性评价，就是在教学过程当中，出于获取有关学习的反馈信息的目的，进而系统评价学习者掌握所学知识的程度，在日常的教学过程中，该评价活动需要师生的共同参与，其出发点在于对学习者的学习行为、学习结果及学习过程中的情感、态度、策略等方面的发展进行评价。

形成性评价可以促使学习者获得学习成就感，增强自信心，有效地调控自己的学习过程，成为评价的积极参与者。形成性评价是教学过程之中的活动，以诊断和促进为目标，是教学的重要组成部分，亦是对教学起到促进作用的要素。在英语教学设计当中，应该最大限度地对于形成性评价进行应用，进而使教师能够对于学生的学习情况在第一时间进行把控，进而有针对性地对于教学方法进行调整，不断提高教学效果。

立足于激励原则构成了英语教学设计的形成性评价，就其评价记录方式主要包括描述性评价、等级评定或评分等。

③总结性评价

总结性评价是在完成一个学习阶段后针对学习者的学习效果所采取的评价，如期末考试、毕业考试等。在对学习者综合语言运用能力的状况进行评价时，多采取总结性评价。立足于课程标准的相关要求，英语教学设计的总结性评价得以开展，其重点在于对学生基于具体情境中运用英语的能力进行考量。在对总结性评价所采用的内容以及方法进行确定的时候，应该立足于教学的阶段性目标，其主要涉及口语、听力、阅读、写作和语言知识运用等几方面。

综合语言运用能力是英语课程的总体目标，这是立足于英语新课程标准而确立的，在英语教学设计的总结性评价过程当中，其试题的设置大部分应当是具有语境的应用型试题，对于主观题与客观题要合理进行配比，切忌简单地对于单独的知识点以及机械的知识记忆点进行考量。

现阶段，就我国基础教育层面而言，其英语教学当中普遍存在着总结性评价目标过偏的问题，在英语教学设计当中，需要对综合语言运用能力来开展总体目标设计与终结性评价。

（4）反馈修正

反馈修正就是立足于评价提供的反馈信息有针对性地调节教学设计，从而提高教学的有效性。

教学设计作为一种预设，自然可能因为分析的误差、设计的失误，而导致教学过程中的问题。作为对教学的修正，教学评价能提供大量的反馈教学信息。教学设计是一种预设，但是这种预设并不是一成不变的，要立足于教学过程中的信息反馈对于教学策略进行调整，在教学设计过程中可以对于一些可能出现的问题进行预见，制订一定的预设方案，但是在具体的教学过程中需要对实时信息反馈进行修正，进而提高教学的实效性。

在英语教学实践过程中，掌握一定教学经验的教师通常可以基于自身经验对教学信息反馈进行实时捕捉，然后对教学策略进行调节，提升教学的有效性。

教学设计作为一种教学准备活动，不是感性的，有助于实现青年教师教学实践从经历提升到经验，使教学经验有限的教师迅速地成长为经验老练的教师，进而能够做到及时对教学反馈信息进行捕捉，并基于教学反馈对教学策略进行调整。

英语教学设计当中有许多值得进一步完善的地方，如学生已有知识与技能不足、教学环境与条件不充分等，尤其需要基于教学信息反馈及时修正教学策略。

综上所述，英语教学设计的一般模式为分析、设计、评价、修正模式，其中教学过程的设计、评价目标的确定、依据反馈不断修正教学策略，都是至为关键的方面。

（二）高校英语教学设计的重要性

教学设计在高校英语教学中的重要性主要表现为以下三点：

（1）教学设计作为一架桥梁，实现了教与学的理论和英语教学实践活动的紧密连接。所谓教学设计，指的是借助系统方法，实现学习理论与教学理论的原理向教学材料和教学活动方案转化的系统化过程。教学理论侧重于对教育教学规律进行研究，就其基本理论体系而言，主要涉及教育、教学的任务、内容、过程、原则、方法、组织形式和效果等内容，对于怎样“教”的机制进行了揭示。学习理论是对于人类学习的心理机制进行探究，其研究的重点在于学生学习的内部因素。这两方面的基本理论基于不同侧面对于教育教学问题的解决，教学方案的制订与选择提供了有关教学机制和学习机制的科学依据。在高校英语教学实践过程中怎样将教与学的研究结果和理论综合起来应用，教学系统在这一过程中发挥着桥梁的作用。

（2）教学设计是借助系统理论的观点和方法，对于教学问题与需求进行分析，进而找到最佳解决方案，极具可操作性。基于教学设计，能够对于学生学习的需求与目的进行分析，并出于满足这些需求的目的而对于教学系统进行设计。没有一个教学设计模型不充斥着系统整体观念，首先需要做的通常是“需要分析”抑或“情境分析”。基于对教学质量的缜密分析（发现问题和分析问题），进而设计并开发教学方法与资源（选择和确定方法与有效的资源），形成一套教学方案，然后在实施过程中不断评价和修正。

（3）教学设计是一个系统工程，所要分析、设计的内容涵盖高校英语教学各大要素，贯穿教学系统的全部，能够实现教师对教学监控与反思。通常来说，教学设计囊括了学习者特征分析、教学内容选择与组织、教学目标的设计、学习环境的设计、教学策略的设计、教学评价系统的设计等，涉及教学当中发挥关键作用的各个环节，因此功能和价值巨大。在对学习者的特征进行分析时，教师可以有意识地针对学生的心理特点、兴趣爱好、认知特点、风格及现有语言水平、知识结构、学习动机与需求等因素展开，进而增强教学的针对性；就教学目标而言，力求其具体化、可量化，可达到与教学内容有较强的关联性，并控制在一定时间内，进而能够更好地监控教学过程及效果，教学方案更为细致并且落到实处；在选择和组织教学内容方面，教师可以在教学活动尚未展开的时候，考量教学目标的特定性并且对于学生的特点进行分析，进而灵活地取舍或者是补充教学内容，从而使得材料的编排、使用及传递上具有创造性；就教学方法以及策略的选择而言，教师应该立足于教育者的差异性、风格，并与教学目标、教学内容的性质相结合，进而保证所选择媒体的恰当性，教学方法选用的灵活性，教学情境创设的多样性、有趣性，进而有效地激发学生的学习热情；就教学评价层面而言，要促进现有评价体系不断完善。教师应该把教学的环节、步骤、实施效果与教学目标进行对照，保证衡量、评价、反思的及时性，进而保证接下来的教学活动顺利开展，并为其提供调整、修正的依据。

（三）高校英语教学设计的策略

基于以上分析，我们针对高校英语教学设计活动提出了以下相应的策略，简称“一二三策略”。

“一”即一个“中心”，是指高校英语教学设计的开展应以“促进学习者能力和素质的提高”这一根本培养目标为中心。

全球化程度的日益加深，熟练地对英语进行掌握无论是出于社会发展的需要还是出于个人发展的需要，都成为一种必然，就像是文员需要掌握计算机和 Office 系统的使用一样，故就这个层面来看，人才所应该具备的一个基本素质就是要掌握英语的五大技能。也就是说，高校英语教学是一种素质教育；又因为语言是人类文化的一部分，学习语言不可能脱离文化，脱离对人类社会现象、文化现象的讨论和观察，因此人文素质的培养也必然是英语学习的一个方面。

“素质”和“能力”在某种层面上是共通的，但我们在培养目标上做出两者的区分，旨在指出“素质”培养是基本要求，“能力”培养是最终目标。“学习能力”呼应的是“终身学习”和“可持续性学习”观念，因而具有十分重要的意义；促进学习者“高阶思维能力”的发展是我国高等教育改革的大方向，“大学教学模式的改革越来越以培养学习者高阶能力为目标导向”，而高阶能力“是以高阶思维为核心，解决劣构问题（ill-structured problem）或复杂任务的心理特征”，因此，高校英语教学作为大学教育的一部分，必须顺应时代的要求和学习者发展的需求，把促进高阶思维发展作为教学所追求的宗旨。

高校英语教学在顺应时代要求的同时，还要保持自身的特殊性。英语学习的最终目的就是让学生能够熟练地在对外交流的实践中运用英语，所以，高校英语教学的最终目标就是培养学生的跨文化意识和能力，而英语素质教育（即语言素质和人文素质）是其基础和条件。另外，人的生命是有限的，在校接受教育的时间更加有限，我们无法在有限的时间里学习所有的文化知识，加之我们无法确定未来的交际对象，所以无从选择某种或某几种特定的文化知识来学习。从这个角度上来考虑，学习文化知识是手段，培养文化意识是终极目标。

“二”即两个“并重”，也就是说，现阶段的高校英语教学设计要遵循教与学并重、语言与内容并重的原则。由于现阶段的高校英语教学还没有实现全面网络化，无法为自主学习提供强有力的硬件保障和系统支持，因此在教学设计中要遵循以学生为中心、教师与学生共为主体的方针，为了充分发挥和调动学生作为学习者的主动性和积极性，教师要在对学生的需求、特点或兴趣进行了解和研究的基础上，编排教学内容，设计教学活动；既要注重教师的引导、启发、促进作用，又要注重教师的传播、权威性的角色作用，教师需要根据不同的教学内容和教学目标灵活调整教学结构和角色，如在引导学生分析、领会较难的教学内容时，在分享跨文化知识传播和跨文化交际体验方面，高校教师一直都扮演着较具有权威性的角色。

关于高校英语教学里语言与内容两者中谁才是最重要的这个问题，本质上来讲是课程设置的问题。在现有的综合英语教学体系不变的情况下，我们应当采取两者并重的原则，这是高校英语教育的培养目标要求决定的。因此，教师在选编主体内容和材料的同时，也要为学习者提供更多的语言训练机会和空间，即教师要精心设计“学习情境”，以利于学生的语言输出，因为“这群学生需要语言训练，然而单纯的语言训练，尤其是不符合他们现实生活场景、认知和情感特点、知识结构的机械的语言训练会让他们感到厌恶、疲惫”。

“三”即三个“衔接”，包括与高中课程衔接、与学习者的心智水平衔接、与学习者的实际需求衔接。

从我国的教育体系来看，当一个人经历了义务教育阶段、高中教育阶段，进入高校学习，无论他选的是什么专业，英语都是必须要学的一门课程。因此，在高校教育阶段的英语课程必须要符合大学生的需求、时代的需求，必须要求新、求变，否则只是高中学习的重复性延续，必然会让学生产生厌学情绪，从而使学生的英语水平不升反降，这是我们不愿意看到却又经常看到的局面，因此必须引起教育界的高度重视和反思。

“与高中课程衔接”，教师要做好“学习者分析”工作，即对学生高中英语学习的内容、体系、教学方法和教学媒体以及学生的学习态度、习惯、兴趣点等情况进行了解和研究，在教学上应尽最大可能避免重复的内容，精心设计教学媒体的使用，以便激发学生的学习兴趣和提高学生学习的主动性、积极性。“与学习者的心智水平衔接”，即在“学习者分析”的基础上，教师需要以学习者的心智特点和成长需求为判断依据，进而对教学内容进行取舍和编排。因此，“语言有难度、内容有深度，角度有新意”是对高校英语教材内容的具体要求，只有如此，才会激起学生心智上的挑战，提高学生的探索兴趣和求知欲望。但是，做到这一点是十分艰难的。“与学习者的实际需求衔接”，就是在满足前两个“衔接”的同时，能够兼顾学生的专业发展和未来职业需要，为此，建议采用“以内容为依托”的英语教学。具体而言，以内容为依托的英语教学是以学科内容为依托学习英语的教学方法。它将语言教学建立在学科或主题内容教学上，融合语言与学科知识学习，提高学生学科知识水平和认知能力，促进其语言能力发展。

总之，不管是将现在英语综合课体系沿用下去，还是对其进行改革使之成为依托于内容的英语课，高校英语教学设计都应摆脱“以教材、教参为权威”模式的禁锢，立足于英语教育培养目标。根据学习者的特点、需要来对内容进行选择，对选定的内容进行分解，使其成为若干个知识点或者操作环节，力求在对内容进行编排或组织的时候采用文本或者是超文本形式。此外，还可构建一个资源库，保证其动态且丰富，其内容可以囊括参考资料、同一话题或题材的平行文本、案例、素材、网址资源和查阅工具等，以引领、推动学习者自主学习的开展。

二、信息化背景下高校英语教学设计的创新发展

（一）信息化背景下高校英语教学资源的设计

1. 高校英语学习资源建设的组织

进行高校英语学习资源的设计与开发，需要高校英语教师、课程设计者、计算机编程者、多媒体制作者、美工师等各类人员的密切配合。为了使网络学习资源的开发工作能够高效、持续地开展下去，应明确网络学习资源开发的组织管理机构和专业的学习资源建设小组。

（1）组织管理机构的主要职责

①根据网络教学的发展规划和现实教学的实际需要，提出网络学习资源开发的长远目标和每个阶段的近期计划。

②建立开放的、科学的网络学习资源开发管理制度和项目内容的安全审批制度。

③组织和协调英语专业人员、课程设计人员及课件制作人员的工作。

④对网络学习资源建设的开发全过程进行有效的跟踪、检查、验收和评审工作。

⑤对网络学习资源建设经费的落实、管理及其对使用过程进行监督。

⑥负责对网络学习资源建设方案的可行性分析、课题立项、审批等工作。

⑦建立网络学习资源的系统规范，使开发工作朝着标准化和规范化的方向发展。

（2）学习资源建设小组的人员组成

就高校英语网络学习资源建设而言，它不仅涉及英语专业人员，更需要有程序开发、美工设计、多媒体采集与制作等各方面人员的密切配合。为此，应建立具有下列人员组成的资源建设小组：

①总体设计人员。负责本项目的总体规划设计、组织协调等项目管理工作。

②高校英语专业教师。负责本门课程的教学设计、各种媒体素材的收集整理、声像教学信息的编播设计及脚本文档整理等工作。

③程序编写人员。负责功能设计、程序编写、测试等工作。

④媒体制作人员。负责各种媒体的信息采集、制作、界面设计、动画设计等工作。

⑤课件制作人员。负责网络课件的制作、系统整合、教学信息发布等工作。

2. 学习资源结构的规划

对学习资源的结构进行规划主要应做好以下三方面的工作：

（1）确定将要建立的学习资源的主要内容

例如，要建立高校英语教学课件，首先要确定其需要哪些教学单元、每个单元所讲授内容的文本、录音、练习题等。这里我们假设开设 3 个单元，每个单元的讲授内容有课文讲解、语法讲解、听力训练和课后练习等。

（2）学习资源的组织结构

组织结构是指怎样按照英语教学的客观规律，将所包含的全部内容合理地组织在一起，以达到结构清晰、层次分明、便于操作、利于教学的目的。

（3）存储目录结构

目录用来存储该网站的各种内容，如 HTML 文件、图形文件、声音文件和其他文件。目录结构根据站点的组织结构来定，二者可以相同，也可以不同。

3. 教学信息媒体素材的采集

在传统的高校英语教学过程中，为了提高教学效果，除了教科书和相关的辅助材料外，教学录音带和录像带也是必不可少的工具。进入信息化网络时代，多媒体声像素材逐渐在教学中占据着越来越重要的地位，以往是以磁带作为信息载体，现在是以数字化的文件形式存储到磁盘中。

要建设符合高校英语教学需要的多媒体素材，一方面可将原有的优秀声像资料进行数字化处理，另一方面可以直接利用数字多媒体采集设备进行素材的采集和制作。为了保证所收集的多媒体素材能够有益于教学，为学生提供质量高的教学辅助材料，确保其能在网络上进行高效传输，在建设多媒体素材时可遵循以下原则。

（1）符合高校英语教学需求

这是最为根本的原则。我们所建立的多媒体素材是为高校英语教学服务的。所以不管形式怎样，标准如何，多媒体信息必须能够表达高校英语教学的本意，必须有助于学生学习、理解和掌握所学的高校英语知识；否则，再华丽多彩的媒体也只能是画蛇添足，粗暴的堆砌只能产生一堆教学垃圾。

（2）实用性原则

①考虑网络带宽的条件。如果高校英语网络课程是在带宽比较宽的局域网中进行的，则可以充分利用音频和视频媒体在教学中的表现能力，把音频和视频信息以较高质量的压缩格式来制作；如果是在带宽较窄的广域网上进行，则最好采用压缩比比较大的格式，甚至可以少用或不用视频媒体，以提高教学信息在网络中的传输效果。应该把握住一条原则：能用文字表述清楚的就不用音频，能用音频表述的就不用视频。

②应考虑多媒体所携带的有用信息是否能够满足高校英语教学的需要。比如，同样的语音内容，将波形文件转换为 mp3 文件后，虽然其音质有所损失，但其传递的语言信息却不会损失。而 mp3 文件比具有相同时长的波形文件所用的存储空间要小得多，故应选用 mp3 格式。总之，制作多媒体网络素材，要本着科学、实用的原则，不搞花架子，不做表面文章。

③要注意素材的可用性。文字拼写要正确，错误率不能超出规定的范围；音、视频信息要力求清楚，画质稳定，音质优良，音量适中，没有杂音。

（3）标准化原则

为了使开发的多媒体素材和网络课程标准化和规范化，便于软件的交流和推广，在制作和选择高校英语教学多媒体素材时，需要在教育部颁布的《现代远程教育资源建设技术规范》的要求下进行，不能单凭个人喜好任意操作。

（4）艺术性原则

在满足以上三项原则的前提下，还要使多媒体素材充满美感和艺术性，即页面设计简洁明快，结构布局合理规范、层次分明，色彩搭配协调，便于学生对所学课程的理解和操作。

4. 教学信息的整合

高校英语教学课件是直接面向学生的教学窗口，课件的好坏会对学习者的学习兴趣和学习效果产生直接的效果和影响。为此，在具有了丰富的多媒体教学素材之后，还要根据高校英语课程本身的教学目标、高校英语网络课程的教学特点和优势，对这些零乱的教学信息进行科学的组织和有效的整合，最终形成一个完整的高校英语网络课件。

对于高校英语网络教学而言，课件的制作和信息整合应做好以下三方面的工作：

（1）使用丰富的媒体素材

高校英语课程是一门实践性较强的课程，不仅需要一定的文字素材，还需要足够的音频和视频素材。例如，课文和生词应有文字信息和朗读录音；课文中的语言点应有要点提示和讲解录音；必要的环节中可插入适当的教学短片以创设语言环境，并开阔学生视野。此外，还应加入尽量多的与课文有关的背景资料，以助于学生的自学和对知识的理解。这既适合高校英语网络课程自主学习的特点，又能提高学生的学习兴趣和积极性。

（2）注意各种教学媒体间的有机联系

对于所选用的各种教学媒体，不能只是简单的堆积，而应该是在充分分析课程结构、课程内容和讲授逻辑的基础上，将它们进行合理的编排和科学的融合，使之成为一个和谐、自然、紧密关联的有机整体。例如，可以高校英语教学课文为主线，将与某个语言点相对应的“主要用法”“习惯搭配”“讲解录音”“教学短片”“情景对话”等文字、音频和视频信息以事件或超链接的方式链接到相应的位置。学生可以方便地通过各种媒体信息掌握所学知识并加深对知识的理解，使学习达到事半功倍的效果。

（3）体现英语教学规律

传统高校英语教学模式中，学好英语的关键是要多读、多听、多说、多背、多练。这一规律对于网络高校英语教学也同样适用。因此，高校英语网络课程的开发也应充分体现这一规律，以使学习者获得一个良好的英语学习氛围和语言学习环境。例如，对于课文和一些好的英语文章来说，除了为其配有整篇、整段的朗读录音外，还可以对这些录音进行逐句分割，并分别与相应的文字内容以超链接方式建立一一对应关系。学生可以通过点击鼠标，反复收听或模仿他想掌握的任意一句的标准读音，直到熟练掌握为止。这既可以满足学生重复听读的要求，又省去了利用录音带学习时反复“倒带”的麻烦。此外，通过这种将大段音频文件化为若干小段音频文件的做法，还可以圆满解决由于网络带宽不够所带来的传输问题。

（二）信息技术环境下英语学习环境设计及优化的原则和策略

1. 信息技术环境下英语学习环境设计的原则

如何构建一个良好的信息化学习环境，使这些虚拟的学习方式能够帮助学习者更好地学习，如何设计信息化英语学习环境中的各要素，来满足学习者在学习过程中的各种需求，维果茨基最近发展区等理论可以为信息化学习环境的设计提供很好的指导作用。

学习过程的基本特征以及相应的信息化英语学习环境设计必须遵循的原则，如表 2-1 所示。

表 2-1　学习过程基本特征和信息化英语学习环境设计原则

学习过程基本特征	信息化英语学习环境设计原则
1. 学习需要驱动，依赖于实践中的参与	①提供个性化学习环境，学习任务和目标基于有意义的活动内容。 ②学习内容以学习必须知道和需要知道为基础，并规定最重要的学习内容。 ③能跟踪和记录学习者的历史和进步，并量体裁衣地为学习者提供相应的学习策略
2. 学习是社会人以语言、符号、工具等为中介的社会行为	①在社会、交际和合作的范围内使用中介语。 ②提供支架系统，支持学习者就特定问题与同学和教师对话、交流与反馈。 ③具有为完成学习任务提供帮助工具的功能，如概念、图表及其他解决问题的认知工具，从而支持深层知识的建构
3. 学习是在最近发展区中适应现有文化成员的行为	①利用学习者的最近发展区，创造适合初学者个体间依存的环境。 ②创造通过环境中的认知工具而产生持续发展和互动的环境。 ③创造能够利用社区中的各种专业知识的环境
4. 学习是反思和元认知行为，是从社会到个体的内化过程	①能提供通过提问和暗示帮助反思和元认知行动的工具。 ②强调学习广度之上的深度，使学习者分析交际言语行为。 ③强调任务和目标，使学习者通过实践在行动中反思
5. 学习是基于丰富的文化和社会语境，既习得隐性知识，又习得显性知识	①提供共同的学习平台，使学习者进入基于真实语境的学习环境。 ②提供便捷的学习环境，使学习者能够适时地获得知识。 ③是其他互动形式的补充，并允许默认知识的出现
6. 学习是从一个环境到另一个环境的知识转化，是发现概念意义相互关联的过程	①能提供具有挑战性的学习环境，使学习者的反思可用于其他语境。 ②能为学习者观察视觉表征、模式或相关稳定变量的学习提供帮助。 ③能够组织信息，使学习者进入更深层次的分析过程

2. 信息技术环境下英语学习环境的设计及优化策略

信息化英语学习环境中的主体是学习者，基础是内化支持、任务支持、同伴支持和社会支持，因此，其具有动态、分层、互动的特点。而实现理想的信息化英语学习支持环境设计的主要目标就是内化支持、任务支持、同伴支持和社会支持。

虚拟学习支持模式（Virtual Learning Scaffolding Model，VLSM）需要网络技术提供支持，强调学习者的中心地位。在这种教学设计模式下，学习者可以借助于网络技术创造的环境，将外部活动转化为内部活动，从而使学习者的潜在发展水平得到提高。信息化英语学习环境也可以应用这一模式来实现其学习目标。这一模式共分四层：

第一层是教学策略，支持学习者使用网络环境中的各种设计元素，包括直接教学、间接教学、经验学习、独立学习和互动教学。这五种教学策略以维果茨基的理论为基础，确定学习者最近发展区，明确学习目标，制定学习任务，针对学习者的不同需要提供个别化指导。这一层面主要提供任务支持，辅助以同伴支持、社会支持和内化支持。

第二层是以第一层中的个别化指导为出发点，站在多元智能或学习风格的角度支持学习者知识的内化。多元智能理论指出，学习者在学习风格上是存在差异的，而且学习路径也是多元化的，因此，为满足个体的需要，学习内容的呈现方式也必须是多样化的。

第三层是组织教学模式，一般通过同步和异步两种形式实现。这种模式是以网络为基础的，其主要作用是提供同伴支持和社会支持。区域间的同步、异步的互动、交流和合作得益于网络技术的支持。其中同步交流提供交流文本、音像等数据，而大部分需要思考和反思的学习任务可通过异步交流完成。

第四层的咨询技术支持主要包括 Web CT、聊天、电子邮件、文字处理、网络动态信息、网络静态信息、白板、新闻组等所有形式的软件工具、网络程序和资源。它为上述三层的实现提供了技术保障。

第二节 高校英语教学方法

一、信息化教学方法的含义

信息化教学方法是教育者和学习者为达到一定目的，使用现代教育媒体而形成的教与学的活动途径和步骤。这种工作方式主要指教与学的活动途径和步骤。信息化教学方法是教学方法体系的一个组成部分，与其他教学方法没有本质上的差别。但是，信息化教学方法强调媒体或信息技术手段的应用，是围绕现代教育媒体的应用而形成的方法。

信息化教学方法必须依据一定的教学理论来展开工作。这是一切教学方法的共性。信息化教学方法不刻意追求某一个教学理论，各种现代教学理论对信息化教学方法都具有指导意义。而且，现代教育媒体的应用并不意味着信息化教学方法与现代教学理论之间有天然的联系，先进的思想可以影响它，传统的思想也可以影响它，从某种意义上说，信息化教学更需要现代教学理论的指导。

信息化教学方法必须指向一定的目标，解决一定的问题。教学方法的应用要在教学目标的导向下进行，如果没有目标，教学方法也就难有成效。

信息化教学方法有其特有的结构，这一结构是根据教学的需要，应用现代教育媒体而形成的一系列步骤、环节和过程等。教学方法在实施中都要展开其步骤和环节等结构性因素，但是信息化教学方法的实施、现代教育媒体的应用会使这些结构性因素发生变化，如有些教学活动在现代教育媒体的支持下可以使教学双方的步骤非同步展开。

信息化教学方法来自两方面：一方面是在原有的教学方法的基础上融合现代教育媒体的应用，使这些方法有了新的特点，如在传统的讲授法的基础上结合幻灯、电视等媒体的演播；另一方面是在运用现代教育媒体的基础上形成新的教学方法。

二、信息化教学的基本方法

目前，在教学实践中可用的信息化教学方法多种多样。在信息化教学中，教师要利用有限的几种基本教学方法，根据具体教学情况加以选择或综合运用，从而创造出适用于某一学科中某一课题的某一具体情景的具体教学方法。那么，面对可供选择的信息化教学的基本方法，究竟选用什么样的方法，如何运用恰当的教学方法来帮助教师实现有效的信息化教学？这就要求教师了解这些方法，对它们进行具体的分析，讨论这样一些问题：不同的信息化教学方法各有哪些特点？有哪些优势？由哪些具体活动组成？适用的范围和条件如何？当从这些方面对信息化教学的基本方法进行具体的分析之后，教师就能较好地认识它们，从而根据教学内容的不同、教学对象的差异、教学目标的区别、教学时间的松紧和自己的特长，选择运用一种或几种基本教学方法创造出生动活泼的具体教学方法。下面围绕信息化教学方法的特点、优势、应用步骤、适用范围和条件等问题，介绍一些基本的信息化教学方法。

（一）讲授—演播法

讲授—演播法是将教师的讲授与播放媒体相结合的教学方法。这是课堂教学中最常见、最普遍的方法。教师的语言表达是进行教学信息传递的最基本途径之一，讲授的方法具有一定的历史。现代教育媒体的出现，给传统的讲授法增添了现代化的色彩。讲授-演播法的特点是讲授、讲解能充分发挥教师语言表达的优势，渗透教师个人的语言特色和魅力，可以将知识的逻辑关系和结构系统地传授给学生，用较少的时间向学生传授更多的知识；而媒体的演播可以让学生看到和听到所学的事物和现象，拓展其认识客观世界的时间和空间。教师在口头讲授的同时，可利用媒体手段把讲授中的难点和重点内容，尤其是抽象的内容加以表现，或给学生提供直观形象的内容，或给学生设置情境，使教师的讲授锦上添花，既增加了教师对信息的表达能力，也丰富了学生获得信息的形式。

讲授-演播法把讲授的特点与媒体播放的特点进行了结合。现代教育媒体在讲授-演播法中主要扮演辅助教师讲授的角色，如呈现事物和现象的图像和声音、增加感性的材料、烘托课堂气氛、精练板书等。讲授-演播法既可以教师讲授为主，媒体的播放围绕讲授而展开，也可以媒体播放为主，讲授结合媒体的播放而进行。

讲授-演播法适用于教材系统性强的学科，适用于传授和学习事实、现象、过程性的知识。使用这种方法需要教师有较强的语言表达能力和运用现代教育媒体的能力，并且要求学生有较高的学习自觉性和听讲的能力。

（二）程序教学法

程序教学起源于美国心理学家普莱西于 1924 年设计的第一台自动教学机器，形成于 20 世纪 60 年代斯金纳小步子直线式程序教学理论的提出。程序教学的理论基础是斯金纳创立的操作性条件反射学说和强化理论。

程序教学法就是在这种理论指引下组合和提供信息的一种特殊方法，是教师根据一定的教育学、心理学和教学理论，按照评定的教学对象的状况，把预先安排的教学内容分解为按一定的严格的逻辑顺序排列的小单元，并构成程序教材，然后通过一系列专门的问题和答案，再通过教学机器由学习者操作显示的教学方法。它要求学习者及时反馈并立即决定是否进入下一个小单元的学习。实际上，程序教学法可以理解为一种自学方法，每个学生都可以自由支配自己的学习进度，每步都建立在前一步的基础上，并能在每步之后得到立即强化。程序教学法的特点是：在教学过程中，学生能够积极参与学习活动，思维始终处于高度积极的状态；能充分发挥学生的主观能动性，使学生创造性地学习；人机交互中信息反馈及时、强化有力、指导有方、评判公正；不同的学习者可以自定步调，以适应个人的学习进度，有利于个别化教学；对学习能力较低的学生来说是一种有效的学习方法；能有效缩短学习时间；有良好的激励功能，可增强学习信心；等等。

程序教学特别适用于下列情况：帮助优等生学习一些教师因教学时间的限制而未能讲授的扩充性的学习内容，对学生进行补习性辅导；为学生提供预备性知识；要求标准化行为的教学；开设学校由于缺乏优秀教师而难以开设的课程；开展个别化训练。

运用程序教学法必须注意以下一些基本要求：

首先，选用或编制结构合理、配置适当的高质量的课件。一个好的课件应具有人工智能的特性，即在人机对话过程中，能从学生的应答中了解其掌握知识的情况，从而做出有针对性的教学决策，以提高运用程序教学进行学习的效果。

其次，教会学生使用教学机器。在运用程序教材进行学习前，学生必须懂得计算机操作要领，因此，必须对学生进行事先培训。

再次，明确学习目的，与文字教材配合使用。在应用过程中应有明确的学习目的，注意与传统文字教材的结合，此过程要求学生有较高的自主精神和负责任的态度。

最后，注意与常规教学方法相结合。程序教学法虽有优点，但也存在削弱师生之间、学生之间即时信息交往等方面的不足。因此，运用程序教学法时必须与常规教学方法进行有机结合，使之相互补充、相互促进。例如，学生在使用程序教材学习之前，可在教师的引导下掌握所学内容的知识背景、基本概念与术语等，理解学习目的和思路，然后让学生通过上机练习，消化所学知识或形成技能等。

（三）问题教学法

问题教学法就是为启发学生的思维和培养其解决问题的能力，教师与学生围绕某个实际问题而使用的教学方法。它是一种以学生为中心的教学方法。问题教学法的核心是培养学生的思维能力。信息技术在这种教学法中起着关键的支撑性作用，它被用来呈现问题情境，是分析、解决问题的工具。

问题教学法的特点是教学过程中更加注重师生之间的关系处理，凸显教师是辅助者、引导者的作用，通常以问题情境来组织教学，以此引起学生思考，促使学生运用知识分析问题、解决问题，增强学生的自主学习能力，同时借助信息技术工具，建立沟通协作渠道，促进人际交往能力和团队合作能力的提高。也就是说，问题教学法以学生为中心开展教学，以问题为教学驱动力，以小组为教学组织形式，通过过程性评价促使学生能力的进一步发展。

问题教学法的基本步骤如下：

（1）创设情境，提出问题。教师充分利用各种信息技术，如借助多媒体教学系统，通过让学生观看相关影视资料、浏览相关网站等多种方式把学生带入相关问题情境之中，针对问题情境，向学生布置任务；学生接受任务，回忆早期的经验，产生学习的动机和学习的责任感。

（2）分析问题、明确问题，组织分工。在教师的组织下，学生讨论解决问题的可能方法，教师帮助学生分析问题情境，理解问题的情节和情形，进一步找到问题的本质，并对问题进行界定、阐述。同时，教师根据学生的兴趣和能力，将学生进行分组，分配学习任务，提供相关资源。

（3）探究发现，解决问题。教师向学生提供有关材料、参考资料等学习资源，学生通过各种途径，借助并利用信息技术，查找、收集与问题相关的信息与资料；学生小组成员对收集到的信息进行归类、整理、分析，然后通过相互交流形成解决问题的方案。

（4）展示结果，进行评价。各小组以幻灯片等形式陈述、展示他们在解决问题过程中的计划和任务安排、完成任务的过程、解决问题的建议及主张，最后通过自评、生生互评、教师评价等相结合的方式，以过程评价为主、终结性评价为辅，对学习成果进行评价，即各小组对各自的问题解决方案进行自我评价，小组之间对方案进行相互评价，教师再评价每个小组的学习成果以及在整个问题解决过程中的方案方法的优劣，并向学生提出新的类似的问题，让学生尝试解决等。

问题教学法的适用范围和条件：问题教学法的应用需要信息技术的支持，如此教师才能通过信息技术工具创设问题情境，学生才能利用信息技术工具获取丰富的信息资源，师生之间才能利用信息技术搭建沟通交流平台，才能保证活动有效开展。问题教学法适用于教授各学科领域的概念、规律、理论等教学内容，适用于实践性强的教学内容。

（四）探究-发现法

探究-发现法就是在教师的安排和指导下，由学生借助现代教育媒体进行探索、发现问题，从而掌握知识的方法。教师借助现代教育媒体设置问题情境，提出促使学生思考的问题；学生利用现代教育媒体去搜集、查询有关信息，寻找问题答案。这是一种以培养学生创新和实践能力为目的的教学方法，该方法的主旨是在教学中不给学生提供现成的答案或结论，而是由教师提出问题或设置特定情境的刺激，促使学生自我探索和发现问题，以类似科学研究的方法去获取知识和应用知识，从而掌握所学知识，调动学生学习的积极性和主动性，培养学生发现问题、解决问题的能力。

探究-发现法的特点是：探究-发现法是一个发现问题、提出问题和解决问题的学习活动过程，在这一活动过程中学生通过亲身活动提出问题、发现答案、解决问题，在探究活动中生成知识，由此对获得的知识产生深刻的印象；可以发展学习者的分析、综合和评价等高级思维能力，培养发散性和创造性思维。

探究—发现法的应用步骤如下：

（1）教学准备。让学生了解探究与发现的基本技能，提出探索与发现的基本要求，掌握进行探究与发现的工具，提供必要的信息检索指南、专业网站的地址等，使学生知道如何有效地进行探究与发现学习。

（2）设置情境，熟悉任务。教师进一步向学生提供有关需要探究或发现的问题情境，引导学生关注有关的主题，并向学生提供必需的学习材料，以便让学生熟悉任务，进入问题情境之中。

（3）发现问题。学生在教师的要求和引导下，结合过去的知识和经验自行发现问题，确定探究的方向。

（4）搜集资料，解决问题。学生通过各种途径、形式自行搜集资料，如参考和实地考察、调查和采访、进行实验、查阅文献、观看影视录像、个案追踪分析等。搜集资料不是目的，而是了解事物的手段。然后学生利用现代教育媒体，如计算机网络等工具，自行搜集、加工整理资料，对搜集到的数据资源进行筛选、归类、统计、分析、比较，最后在教师的指导下，得出结论或找到答案，解决问题。

（5）反馈评价。对学生得出的结论或答案，教师要进行点评和总结。探究-发现法的适用范围和条件：探究-发现法的应用需要教师有较强的应变能力和运用现代教育媒体的能力，同时需要学生拥有自主学习能力和信息技术应用能力，这样才能激发学生的学习动机，引导学生利用信息技术工具和手段，在自主学习环境中进行探究。探究-发现法适合教授和学习概括性、规律性的知识，适用于对未知领域的问题探究，或对已有知识进行个性化的再认识。而这种方法更适用于高年级的学生。

（五）微型教学法

微型教学法是指教师借助摄影、录像设备培养学生某种技能的教学方法。由于该方法是在小教室中对学生的某种技能进行培训，培训时间短、规模小，故称为“微格教学”或“微型教学”。微型教学法首先在教师培训上获得成功，其后被其他学科领域的技能训练纷纷采用，成为一种卓有成效的教学方法，被广泛应用于各种职业技术训练上。它是让教学对象扮演一个职业角色来表演所要求的一系列活动，利用现代摄录设备记录这一过程，然后指导教师与角色扮演者一起观看重放的录像，进行分析评价，找出差距，再进行同样的工作直到掌握所要求的职业技能为止。

微型教学法的应用有以下四个特点：①人数少、易操作、微型化。由少数学习者

(5~10人)组成“微型课堂”，以真实的学生或受训者的同学充当“模拟教师”和“模拟学生”，通过不断轮换，保证每个学生都有充分的机会得到培训和个别指导，这样既容易操作，也可使课堂微型化。②训练时间短，技能单一，目的明确，重点突出。在教学培训中对内容进行分解，将综合性的教学技能分解为一个个单一的技能，如提示的技能、演示的技能、板书的技能等。每次针对一项技能进行培训，培训目的明确、重点突出。被训练者利用5~10分钟的时间进行一段“微型课程”的教学实践，从中训练某一两项教学技能。③借助媒体设备展示范例，实时记录。在进行“微型课程”的教学实践过程中，利用摄影、录像设备系统展示某项技能的范例，供学生学习和模仿；也可在学生模仿训练时将实践过程记录下来。④反馈及时准确，评价方式多样。完成训练后，通过视听系统重放已记录的内容，供师生点评分析，让学生及时得到反馈信息。评价方式可以是自我评价，也可以是他人评价。

微型教学法的应用步骤如下：

(1) 确定训练目标，明确学习技能。要使学生在教学活动开始前了解每项技能的理论和方法，并掌握各个技能的执行程序和实施要求。通过多次实践、评价、修改，使技能趋于完善，并通过综合训练，形成技能。

(2) 学习研究技能，观摩技能示范材料。在进行微型教学实践前，应先组织学生对各项技能的有关理论、方法程序、实施要求进行学习研究，并且通过播放反映某项技能的示范性录音、录像资料，使学生对教学技能的事实、观念、过程、操作程序有一个形象化的了解，使学习者获得技能模仿的样板，使训练目标和要求更加具体化。

(3) 角色扮演，声像记录。要组成微型课堂，让学生进行角色扮演，实践一两项技能，模仿表演前面观察的技能，同时用电视摄影、录像设备录制角色的行为，以便能及时准确的反馈。

(4) 重播录像，自我分析，讨论评价。实践活动完成后要重放录像，让扮演角色的学生以“第三者”的身份观察自己的行为，并找出不足。扮演角色的学生看过自己的实践录像后，首先要进行自我分析，检查实践过程是否达到了预定的目标。指导教师、评价人员、学生角色都要从各自的立场来评价实践过程，通过分析、比较，肯定成绩，指出不足，以便改进。

(5) 再实践，再改进。经过评价，已经达到基本要求的可进入下一技能的学习，实践新的教学技能；未达到要求的则需要根据反馈信息和教师的点评，作好进一步练习。

微型教学法适用范围和条件：微型教学法是进行技能教学的有效方法，适用于教师教学技能的培训，也适用于艺术、体育等学科的技能或动作行为的教学。这种教学方法需要在微型教学系统中实施。

（六）模拟训练法

模拟训练法就是利用现代教学媒体模拟自然现象、运动状态和过程，或者在特定的工作环境下进行实验和训练，以揭示其规律的一种教学方法。模拟训练法的特点是：

（1）突破教学条件限制，方便训练教学。由于受各种特定条件的限制，教学中不能用真实环境或事物进行实验或训练，需要用计算机等媒体模拟这些环境或事物，以便于师生经济、安全、省时地进行训练与教学。

（2）设备与媒体的广泛应用，丰富了模拟工作环境。模拟训练法最初是用机械装置模拟一种工作环境，如模拟汽车驾驶室来培训驾驶技能。计算机被用于模拟训练后，与机械装置进行结合，大大丰富了模拟的工作环境。

（3）应用信息技术手段，拓展训练类型。由于信息技术手段的应用，训练的类型也从单一变为多样化。模拟训练法大致有四种类型，分别是操作性训练、工作情景训练、实验情景训练以及研究方法训练。

模拟训练法的适用范围和条件：运用该方法要提供可供仿效的适合学生发展的教学信息；要使学生进行仿效训练或亲自操作；要面向全体学生；教师应做好引导，及时分析、评价，明辨正误，分析原因，找出最佳思路和方法；要正确处理模拟教学法与常规的实验法、演示法、参观考察法的关系，在条件允许的情况下，要使它们有机结合，以利于取长补短；要引导学生抓住事物的本质。

三、信息化背景下高校英语教学方法——网络教学法

（一）网络教学法的含义

网络教学法是一种包括新的传播媒介以及人与人之间的交互作用的教学法。这些新的沟通媒介是指计算机网络、多媒体、专业内容网站、信息检索、电子图书馆、远程教育和网上课堂等。网络教学具有三大要素：一是网络环境，即所谓的信息技术学习环境；二是网络资源，即经过数字化处理，可在多媒体或网络环境下运行的教学材料；三是网络模式，即利用信息技术，通过对资源的收集利用，发现知识、探究知识、展示知识及创造知识的学习模式。

网络教学法下采用的教学方法是基于建构主义教育心理学理论的，“建构主义理论”为人们开发高校英语网络课程奠定了理论基础，建构主义理论认为，知识不是通过教师的

传授得到的，而是学习者在一定的社会文化背景下（一定的情境），借助他人（教师和学习伙伴）的帮助，利用必要的学习资源，通过有意义建构的方式获得的。同时，建构主义理论还强调以学生为中心，认为学生是认知的主体，是信息加工的主体，是知识意义的主动建构者，教师的作用应由知识的传授者、灌输者转变为学生主动建构意义的帮助者和促进者。

面临21世纪知识经济的挑战，教育主管部门提出，必须加快我国教育信息化的步伐，并根据各地区经济发展不平衡的现状，分三个层次推进信息化教学。这三个层次分别是：第一，以计算机多媒体为核心的教育技术在学校的普及与运用；第二，组织学校上网，利用网上资源；第三，开办远程教育，提供丰富的学习资源，不断满足人们终身教育的需求。随后，网络教学受到我国教育界的普遍重视，成了发展教育的一大热点，一些有条件的学校纷纷开始利用网络辅助高校英语教学。

（二）网络教学法的构成

网络教学可以实施以实时传播、资源检索、课程测试、教学论坛及休息娱乐五个模块构成的具体形式，分述如下：

（1）“实时传播”为教、学者搭建了在线交流的平台，构建自主学习的语言环境类似于网上的“英语角”，学习者可以和教师围绕一个主题的若干部分，融听、说、读、写为一体，开展课内与课外相结合的相关教学，达到知识构建的目的。

（2）“资源检索”为学习者提供大量的学习资源，包括语言应用及各种考试资料等内容，学习者可以根据各自不同的学习目的寻找自己所需要的资源。

（3）“课程测试”是教师针对学生设计的通过在线网络进行自我检测相关课程的自主学习效果的模拟考试形式。

（4）“教学论坛”是学习者进行交流学习内容与学习方法，以及教师为学习者答疑的交流平台。教师和学习者都可以留言，就学习过程中遇到的问题进行讨论与交流。

（5）“休息娱乐”是教师为学习者提供的一些优质的外文影视、文学作品或者一些与外语相关的笑话、游戏等，可以让学习者在学习之余体验英语文化，放松心情。

由于网络资源过于丰富，良莠不齐，教师应在学习者进行网络学习的过程中进行适当的管理，同时教师还可以通过学习者的网络学习情况对其进行有效的监督。

（三）网络教学法的特点

网络教学为学习者提供了个性化学习的条件，网络教学软件也能为不同层次不同类型的学习者提供各自的需求空间，能针对不同的学习者选择不同的教学内容、教学手段以及检测评估系统，充分实现个性化学习的目的。利用网络技术，教师对学习者的课外学习情况的了解与监督成了可能。同时，在网络上有针对性地辅导，更能满足学习者的个性化需求及学习兴趣，避免了僵化的统一管理模式。而网络教学还具有以下显著特点：

（1）网络教学提供了异常丰富的教学资源的共享。网络技术实现了世界范围内的资源共享，地球变小了，人与人的距离拉近了，交流沟通变得更迅捷了。网络教学使简便地寻找到丰富的教学资源成为可能，从天文地理到体育娱乐，从文化教育、政治历史到科学技术等，无所不包，为英语学习者提供了大量的教学资源。教学可以不再受时间和地域的限制，教育资源缺乏的地区也能借助网络享受同样的教育。

（2）激发了学生学习英语的兴趣。学习是主动的过程，兴趣是最好的老师和助推剂，网络教学中的多种媒介功能的集合，变传统教材的呆板为信息技术的生动情景化。通过图像、文字、声音、动画等，学生在网络教学提供的英语环境下主动积极地去寻找感兴趣的教学资源，提高了学习的趣味性和主动性。

（3）网络教学营造了一种开放的学习环境和自主的学习氛围。网络教学为学生提供了一种新的学习模式，使学生在自己愿意的时间、地点以自己乐见的方式学习信息网络，且不受时间地域的限制，向所有学习者开放。丰富的网络资源为学习者提供了传统教学难以提供的英语语言环境，同时由于网络教学自身的特点，使得学习者可以结合自身情况进行自主学习，学习者在网络空间可以进行自由的双向、多渠道交流。

（4）有利于新型师生关系的建立。教学过程是教与学的结合。自主式教学模式的建立，需要变“以教师为中心”为“以学生为中心”，同时建立新型的师生关系。学生不再是被动的接受者，而是变被动学习为主动求学。教师也不再只是知识的传授者，还应当是教学活动的组织者、管理者、促进者。师生之间通过网络这个先进技术的平台，除了可以完成知识的传承外，还可以进行学习能力的交流，教师对学生来说亦师亦友，即构建了一种更为和谐的师生关系。

第三章　信息技术与高校英语教学整合路径探索

第一节　高校英语混合式教学模式之“翻转课堂”

翻转课堂能够将课堂时间充分利用起来，并且有利于学生的个性化学习，有利于增强学生的合作学习意识以及自主学习能力。当前我国的很多高校也开始开展与翻转课堂相关的实验研究。和传统教育模式相比，翻转课堂真正落实了“先学后教”的理念，将学生视为学习的主体并且将知识的吸收内化作为学习的中心。

一、翻转课堂的基本概念

（一）翻转课堂的定义

目前，对于翻转课堂的概念，学界还没有统一的定论。现在部分学者对翻转课堂的认识还较为浅显，因此，为了使翻转课堂的概念更加丰富、有深度，我们有必要对翻转课堂的概念进行深入的探索。翻转课堂的英文是“Flipped Class Model”，直译为“反转课堂式教学模式”，不过，需要说明的是，这里的“反转”是相对于传统课堂式教学模式而言的。

翻转课堂指的就是对课堂进行翻转。从这一角度出发，翻转课堂最基本的定义就是，在课程开始之前把原本应该在课堂上完成的知识传递过程完成，而把原本应该在课后完成的知识内化过程放在课堂上完成。而现代网络技术与翻转课堂相融合、课前需要提供给学生相关资料等，并不是翻转课堂最原始的要求，这些要求其实都是翻转课堂在发展过程中演化而来的。翻转课堂最主要的要求就是，教育者应让学生在学习方面拥有更多的自由，应该放手让学生自主探索和研究学习的意义所在。

在传统教学中，知识的传递是在课堂上通过教师的讲解实现的，而知识的内化吸收则主要是学生通过完成课下作业来实现的。但是在翻转课堂模式下，学生拥有了更多的学习自由，学生可以根据教师事先提供的视频等资料在课前完成自学过程，这样一来在课前就能够完成知识的传递。但是这对学生的要求便提高了，学生要确保自己能够在课前对知识进行深入的学习。知识内化过程被放在了课堂上，由于学生已经提前预习了，因此在课堂上教师主要的任务就是解决学生的疑惑，引导学生更加深入地探究问题。很多人认为翻转课堂不过就是简单的“课前传授”和“课上内化”的叠加，但是，这种理解往往忽略了两个比较重要的点：第一，在课外要真正进行深入的学习；第二，师生对于某一观点能够擦出火花，并将问题引入更深的层次。我们需要明确的是，学生通过视频在课前完成自主学习与以往的简单预习并不相同，它需要学生对知识有一个较为深入的理解，这样一来就对教师提出了更高的要求，即教师所录制的视频应该能让学生自学，且产生的效果要与课上讲授的效果相一致。同时，我们还需要清楚的是，翻转课堂与在线视频并不是一个概念，翻转课堂主要的价值体现在它能够实现师生面对面的交流，且能产生一定的成效。

（二）翻转课堂的特点

其实在很多年以前，人们就研究过如何用视频来实施教学。例如，在 20 世纪中叶，一些国家曾开展过广播电视教育。对于这种情况，我们不禁产生疑问：为什么此前的研究并没有在实质上改变传统教学模式，而翻转课堂却做到了这一点？这是因为翻转课堂具有以下特点。

1. 教学视频简短精悍，具有针对性

翻转课堂中所录制的视频往往都十分简短精悍，短则几分钟，长则十几分钟。每个视频都会有针对性地解决部分问题，这无疑给学生提供了极大的方便。视频时长较短能够保证学生在观看视频时集中注意力，这不仅符合学生身心发展的特征，同时也能够提高学生自学的质量和效率。这些视频是通过网络平台发布的，它们是可以暂停或者回放的，学习者可以对视频进行有效的控制，从而有利于学生更好地进行自主学习。

2. 教学信息十分明确

教学环境在一定程度上能够影响教学质量。传统的教学录像往往会将教师的头像、教室的摆设等都录制进去，这些无疑会使学生在观看视频的时候分散注意力。所以，在翻转课堂教学视频中，这些干扰因素是绝对要避免的。最佳的讲解方式就是一对一的讲解，这样一来，学生在观看视频时就会感到该视频是教师专门为他拍摄的。

3. 对学习流程进行了重构

翻转课堂最为外化的一个特征便是教学流程的颠倒。通常学生的学习过程分为两个阶段：第一个阶段就是“信息传递”，这种传递不单单只靠教师或学生一种角色完成，而是需要教师和学生一起努力完成；第二个阶段就是“内化吸收”，该阶段需要学生在课后独立完成。需要指出的是，在第二阶段，因为是学生独立完成的，并没有教师与同伴的帮助，所以学生会很容易在学习过程中产生挫败感。

翻转课堂实际上重构了学生的学习过程。在课前学生就完成了“信息传递”，并且教师在学生进行自主学习时可以提供视频并且给予一定的帮助和指导。“吸收内化”则在课堂上实现，这样一来教师不仅能够对学生在学习过程中所遇到的困难有所了解，还能提供给学生相应的帮助和辅导。此外，课堂上学生与学生之间的交流和互动也非常有利于学生内化和吸收知识。

4. 重新定位了师生角色

教育和信息技术的结合、教学过程的翻转等都促使师生的角色发生了巨大的改变。在学习过程中，教师变为推动者、设计者，而学生则变成了中心、主体。虽然教师的角色发生了变化，但并不代表弱化了教师的作用，与之相反，在翻转课堂上教师发挥着更为重要的作用，是课堂不可缺少的因素。

5. 更加依赖信息技术

若没有信息技术的支持，那么学生在进行课外学习时就很难得到教师的指导，从而对其学习效果造成影响。不管是教学视频还是教学课件，只要有了信息技术的支持，学生才能够更加方便、有效地获取这些信息。而在检测学生的课前学习效果时更是离不开信息技术的支持。如此一来就对教师提出了新的要求，即教师要增加信息知识的储备，不断增强自己的操作能力。

6. 复习检测方便快捷

学生在观看视频之后能否掌握知识点，则可以通过视频后面的问题进行检测，学生通过解答问题可以进一步掌握自己的学习情况。如果学生觉得自己掌握得不好，则可以重新对视频知识进行学习，在视频中找到问题的答案。回看视频可以帮助学生进行相关知识点的复习与巩固。

（三）翻转课堂的教学条件

1. 学生的角色翻转：从被动接受到主动探究

在翻转课堂模式下，教学活动都是由教师精心设计的，这些活动无疑能够让学生的学习更加主动和积极：课前自主观看视频进行学习，课上积极探索、参与讨论，课后完成知识的内化，总结学习经验。根据建构主义的看法，这种课堂有利于学生建构深度知识，学生在课堂上处于主体地位。换言之，翻转课堂指的是学生在教师的引导之下，进行自主学习的一种教学模式，这产生了两个比较积极的作用：一是它有利于取得良好的教学效果，二是它能使学生获得自我的良好发展。

2. 教师从课堂主导到课前、课中、课后的综合翻转

传统教学中，教师主要是在课堂上通过板书或者是口头讲授进行教学，而在翻转课堂模式下，教师所发挥的作用更加多维。

首先，在课前发布教学资源以及教学视频是开展翻转课堂的必备条件，而教师就是这些资源的研发者。这就要求教师以课程要求为根据，设计和制作出具有吸引力的、逻辑正确的高质量视频材料。由此可知，在翻转课堂模式下，教师要具备更高的素质，在课前准备时能够从课程出发，运用信息技术将教学内容生动形象地进行演绎，让学生在乐中学。

其次，在翻转课堂模式下，在课上，师生之间、生生之间通过互动和交流解决问题，完成知识的内化。而传统教学的“一言堂”课堂很明显无法实现这种交流。在翻转课堂中，教师应该在尊重学生个性的基础上发散学生的思维，让课堂更加积极和开放。

二、翻转课堂在教学中的应用

翻转课堂可以优化高校的课程教学。高校课程具有较强的专业性和行业性特色，很多课程需要大量的观摩、实验和实践。

翻转课堂将传统教学模式中的课上知识传授和课下知识内化两项活动进行颠倒，让学生课前通过查看教学资源完成学习任务并发现知识内化时的疑难，课上通过师生间的互动交流解决疑难并彻底掌握知识与技能。在翻转课堂教学模式下，学生的学习时间更加自由，学生个性化的需求得到满足；同时，可以将实训类课程做成微课程放在平台上供学生课前学习，课上教师就可以减少反复的操作演示时间，重点培养学生的动手能力和解决问题的能力，提高教学效率。翻转课堂还可以改善传统教学的考核方式，通过课前自主学习、课上合作学习以及作品展示等，综合评价学生，避免单一考核的片面性

从指导者、学习者和资源环境三个维度出发，构建翻转课堂在高校教学应用中的策略体系。

（一）课前

翻转课堂的课前环节是基于资源环境进行的，因此为学生创造一个技术丰富、途径多样的交流环境很有必要，避免学生孤立地学习，保证学生学习的积极性和学习兴趣。在课

前环节，教师要借助网络或软件制作微视频和其他学习资源，上传至学习平台供学生学习；学生可以借助学习平台与指导者或学习伙伴进行实时交流，也可以借助 QQ、微信等社交软件进行实时互动；同时可以借助图表或思维导图简化信息资源，帮助学生明确问题并进行主动建构。

指导者即教师，作为翻转课堂的设计者和引导者，在提炼知识点制作微视频时，要把握教学目标，针对教学重点，以界面简洁、讲解风趣、内容清晰、短小精悍、形式多样的方式吸引学生积极参与。微视频要体现学科特点、课程的逻辑性和层次性，方便学生建构知识。以微视频为核心，指导者还需设计学习任务单、微练习、拓展资源等，让学生在没有指导者现场指导的情况下也能明确学习内容、目标和方法，并按照学习任务单的指引完成课前测试和学习评价。针对学习者缺乏自觉性、易出现知识迷航等情况，指导者要对学习者进行个别指导。研究表明，及时的反馈和帮助，对学习者问题解决能力和探究能力发展有很大的促进作用。

学习者或多或少具备一定的自我监督、自我学习的能力和信息技术水平，熟悉 QQ、微信等实时交流软件，了解学习平台的基本操作，更有利于翻转课堂教学的开展。学习者通过实时交流软件接收课前学习任务，登录学习平台，按照学习任务单的指引学习教学资源，完成练习或测验，最后在平台上记录下学习心得和疑惑，完成自我评价。在整个过程中，学习者可以借助思维导图等辅助软件梳理知识点、发散思维，通过交流软件与教师、同伴进行实时互动并获取帮助。

（二）课中

课中的资源环境主要用于辅助教学。教师用多媒体传达知识点、讲解教学安排、分配学习任务、进行操作演示等，利用学习平台实时监督学生的学习进展；学生分小组协作学习，解决问题，完成学习任务并展示作品。

课上指导者的时间把控尤为重要，需确保所有学习者参与课堂学习。

在学习者已完成重点知识学习的基础上，首先，指导者应组织学习者整体回顾课前学习任务，帮助学习者建构知识关联；其次，反馈学习者的练习或测验情况，结合教学难点知识，解答学习者在课前学习中遇到的共性问题；再次，将问题升华，提出具有发散性和探究性、较强的可行性和操作性的问题，组织学生分小组协作解决问题，指导者在此期间进行个别辅导，确保学习任务按时完成；最后，根据课堂时间安排，组织全部或部分小组展示学习成果并点评，评价时要注重问题解决的过程，而非问题解决的结果。

学习者按照指导者的引导，首先，回顾课前学习的知识点，了解课中的教学安排，明确需协作解决的问题；其次，成立学习小组，确定组长和组名，进行组内分工，组长做好任务分配；再次，借助平台资源，多角度思考问题，寻求不同的解决方法，形成学习成果，组长注意把控时间，确保每个小组成员都能参与小组讨论；最后，全体组员组织语言，共同分享学习成果。

（三）课后

资源环境为指导者和学习者提供反思与交流的平台。首先，指导者在课后首先要反思整个教学过程；其次，督促学习者完善作品，鼓励其将所学知识进行迁移；再次，整合学习者协作学习过程中遇到的共性问题并发布到平台上，供学习者将知识进一步内化；最后，要求学习者对学习过程进行总结、反思，并鼓励他们将这种方法应用于其他领域，不断反馈矫正，最终提高学习者协作解决问题的能力。学习者课后首先根据课上教师和其他小组的点评，取长补短，完善学习成果，形成可视化的作品；其次撰写学习心得，在反思总结中不断升华自己。

三、翻转课堂与高校英语教学改革的可行性分析

翻转课堂模式从理论研究到应用实施，历经多年。如今，翻转课堂模式已在全世界教育领域产生巨大反响，其最后的应用落地就已经表明了它的可行性。

（一）翻转课堂符合高校英语学科特点

高校英语教学的目标不仅在于夯实学生的英语知识基础，更在于提高学生的英语综合应用能力。英语综合应用能力包括听、说、读、写四个方面的能力。这些能力的提高仅仅依靠课堂有限的教学时间，是很难完成的。在传统高校英语教学的背景下，学生缺乏运用英语的环境，也没有运用英语的时机，课下又缺少教师的监督和指导，根本谈不上语言的运用。

翻转课堂在高校英语教学中应用后，课堂时间就成为运用英语的时间，教师通过举行各种互动活动，如情景对话、角色扮演、小组讨论、英语演讲等，来促进学生进行英语交流，这就有力地锻炼了学生的英语听力、英语语言表达能力，符合高校英语学习特点和发展需求。

（二）翻转课堂知识建构的转变

传统高校英语教学模式关注的是教学目标的达成，但是翻转课堂更关注的是学生的兴

趣和发展。在翻转课堂中，学生在课外和课内都处于良好的学习状态，随时随地都在学习，英语学习不再呈现出固定、死板、僵化的状态。事实上，翻转课堂是对传统教学模式的翻转。翻转课堂中的学生围绕核心知识进行学习，拓宽知识广度，增加知识深度，建构自我化、个性化的知识体系，发展了自主学习能力，通过培养自己的兴趣来构建自己的英语学习模式。

（三）教学环境可以达到实施翻转课堂的条件

信息技术为翻转课堂的实施提供了良好的教学环境。如今，各种电子产品琳琅满目，手机、计算机等电子产品在大学生中普遍应用，这些电子产品成为大学生学习英语的工具。并且高校纷纷踊跃建立电子阅览室、校园网、自主交流学习平台，这些也使得大学生有更好的客观条件去进行英语学习。另外，实时交流软件如微信、QQ 等的普及，也为翻转课堂的开展提供了技术支撑。同时，网络英语教学资源取之不尽、用之不竭，学生课前除了可以观看教师录制的视频课程，还可以通过听播客、阅读英文电子书、观看英文电影或者访问英文学习网站进行个性化英语学习，这在拓宽学生知识面的同时，提高了教学质量。

总之，信息技术为翻转课堂的实施提供了设备和技术等支持，有利于学生的英语自主学习以及英语交流能力提高。

第二节　高校英语混合式教学模式之慕课

随着现代教育技术发展的进步，慕课这一教学模式也日益发展，世界上许多知名高校如哈佛、斯坦福等都加入了慕课的应用队伍。慕课标志着教育真正进入数字化时代。本节将探讨慕课在英语教学中的应用原理与方法。

一、慕课教育综述

（一）慕课的内涵

慕课的英文简称是 MOOC，这四个字母所代表的含义就是慕课教育的内涵，是慕课教育理念的概括浓缩。“M”代表 massive，中文意思是大量的、大规模的，相较于传统的教学模式，慕课的规模相当大，作为一种网上授课模式，同时观看慕课的人数可以达到十几万人，这种对学生人数的容纳量，极大地突破了传统课堂教学模式在学生数量上的局限性，它将课堂容纳量扩充到了极致；第一个“O”代表 online，意为在线，这主要阐释了慕课的运行平台，即网络平台，人们可以通过慕课在线学习；第二个“O”代表 open，意为开放，这表示慕课的教育理念是包容、接纳、开放，不管是什么年龄、什么地区的人都能够在慕课这一平台上获取知识；“C”代表 course，意为课程，慕课是一个具有完整课程体系的网络教学平台。

（二）慕课教育特点

1. 在线开放，实现资源共享

慕课教育与传统教育的最大区别在于，慕课是在网络技术的基础上建立的，它依托网络而生，因此具有许多网络的特性与优势。慕课能够为学习者提供丰富的学习资源，还能够实现知识共享、课程共享、教学成果共享等。传统课堂教学受到多方面的限制，影响力较小，但是慕课的出现使课堂的时空限制被完全打破了，人们可以随时随地查阅资料，随时随地开展学习活动。不同专业、不同层次的学习群体都能在慕课中找到自己需要的学习资料，这正是慕课开放性特点的鲜明体现。进入慕课学习的条件非常简单，只需要一部有网络的电子设备以及一个学习账号即可。

2. 内容丰富，满足个性化需求

由于慕课的资源内容非常丰富，因此，它可以满足不同学习个体对知识的个性化需求。在慕课平台上，学习者可以为自己创设一套独一无二的课程模式，可以选择自己感兴趣的课程，也可以根据自身的学习能力或职业规划进行课程的选择，整个学习过程中，学习者可以自由掌握自己的学习进度，这在最大限度上满足了学习者的个性化需求。除此之外，学习者还可以借助慕课平台向教师寻求指导，教师可以监督学生的学习进度，提醒学生调整学习状态，及时解答学生在学习过程中遇到的问题，对学生予以针对性的指导，做到因材施教，从而增强学生的学习效果。

3. 立足学生，实现自主学习

慕课的教学方式完全颠覆了以往传统的教学模式。在慕课教育中，学生的中心地位得到了突出，学生在课堂上不再是消极、被动的，而是积极、主动的，教师在其中只是适当地发挥指导作用，引导学生整理知识信息，完善知识系统。这种教学模式能够促进学生自主学习能力的提升，有助于学生将所学知识进行有效内化。学生可以在慕课教育平台上，进行课前预习，也可以进行自我测评，还可以与同学互相讨论，充分发挥学习的自主性，完全把握自己的学习进度与学习状态。

4. 多重互动模式，多元评价体系

慕课教育依托于网络平台，因此其互动性极强，在教授知识的过程中，始终没有忽视与学习者之间的互动。慕课教育平台使学生与学生之间、学生与教师之间形成了多重互动，这种互动能够有效调动学生的学习积极性，使课堂的学习氛围变得更加轻松愉悦，以此减轻学生的学习压力，使他们能够在一个轻松、愉悦的环境中进行学习。除此之外，慕课教学模式下的评价体系也变得更加多元化了，针对学习者的评价不再只是单纯地依靠分数，而是会考察学习者各方面的状况，进行综合性的评价。

由此可见，慕课教育的优势已经表现得非常明显，慕课的发展推动了高校英语教学的改革步伐。慕课在高校英语课堂中的应用，有效地提升了教学效果，丰富了教学形式，对英语教学改革非常有益。

二、慕课加翻转课堂教学与师生发展

（一）慕课加翻转课堂教学与学生发展

1. 学生认知水平的提升

慕课加翻转课堂的教学方式，对学生认知水平发展的影响，或者说对学生学业成绩的影响，主要是通过校内定期举行的学业水平测试等各种形成性评价的测试成绩来体现的。刚开始试行慕课加翻转课堂教学方式时，不少学校和教师开展了实验班和常规班相对照的微研究，根据前测和一系列后测的对比，来检测慕课加翻转课堂教学方式对学生学业成绩的影响。在这些对比实验中，有的是学科教师针对一个知识点或一个知识模块的教学来检测，即一个班级采用常规的教学方式教学，另一个班级采用慕课加翻转课堂方式教学。一段时间后，比较两个班级学生的学业成绩变化。有的学校试行的规模比较大，如将一个年级的 8 个班分成两大部分，4 个班按照常规的方式教学，4 个班借助信息技术，学校给师生配备平板电脑，采用慕课加翻转课堂的形式教学。多数学校刚开始试行时，会在一个年级的 2~3 个班级内尝试慕课加翻转课堂的教学形式。

刚刚开始尝试翻转课教学时，不管是教师还是学生对新模式的教学都有一个熟悉和适应的过程，这个过程中学生的学业成绩可能会有些许的波动，这是正常的实验现象。但是稍过一段时间，教师和学生一旦熟悉并适应了该教学模式，学生的学业成绩提升也是必然的。

2. 学生学习过程与教师教学方法的改善

（1）学习自主性增强。学习自主性是指学生个体能够根据学习目标要求查找自己在知识能力方面的差距，并主动调整学习策略和努力程度，以达到学习目标。学习自主性强的学生无论是在学校还是走向社会，大多发展较好，而学习自主性弱的学生即使非常聪明，其学习和发展也很难得到保障，自主性弱会在很大程度上影响一个人未来的发展。因而，起初实施慕课加翻转课堂教学时，教师和家长最为担心、反映最多的问题就是学生学习不自觉，没有自主性。

（2）学习成就感与愉悦感的提升。学习效果好的前提是做好两方面的准备：一是学生的认知准备；二是学生的情感准备。这也是学习具有可持续性的基础，因而，教学过程必须关注学生的认知状态、情感态度和价值趋向。保障持续的学习效果的方法就是积极愉悦的情感，这对于学习非常有价值。调查发现，期盼上翻转课堂是来自学生的心声。学生在翻转课堂教学实施中喜欢这样的教学方式，而且这是师生的共同反映。

（3）教师指导更具针对性。翻转课堂实践表明，教师在翻转课堂上因对学生课前自主学习信息进行预先分析，因而能够事先全方位地掌握学生学习情况，会使课堂上教师对学生的指导更具有针对性和指向性，会使师生交流更加深入和透彻。我国从事翻转课堂教学的实践也证实了这一结论。在从事翻转课堂教学过程中，教师更加了解学生学习中的困惑，能够提供更有针对性的指导。

3. 学生综合素质的发展

学生思维能力的发展。翻转课堂教学过程中，围绕一个学习专题，因学生有了对事实的基本把握和理解，所以无论是课前的线上交流，还是在课堂中面对面的研讨过程中，学生视野和思路会因思考的深入和全面而变得更加开阔。随着翻转课堂教学的推进，会在一定程度上发展学生思维的深度、广度，会提高学生的辩证思维能力以及思维独特性。“学生的问题更多了”“学生思考得更深入了”是上翻转课堂的教师经常提及的现象。

动手实践能力的提升。翻转课堂的教学设计是基础知识、基本概念在课前通过微视频教学完成的。在课堂上留出的更多时间里，师生会一起运用所学知识解决问题，或者是进行更多的动手实践和实验，即课前的主要任务是对知识的理解，课堂上主要是对知识的运用、分析、评价和创造。

表达能力、合作能力的增强。翻转课堂中，学生有更多的时间和机会通过交流、表达、合作的方式完成学习任务，在夯实知识技能的基础上，学生的口头表达能力、合作能力也逐步得以培育和发展。

（二）慕课加翻转课堂教学与教师发展

1. 教师学科素养和信息素养的提升

教师在系统把握学科“知识图谱”的基础上制作教学微视频。教师只有清楚地把握知识图谱，把握每一学年（期）的一门学科的所有知识点以及各知识点之间的相互关系等，才能确保教学微视频的制作能够服务于教学所需，满足学生学习的需求。除此之外，还需要根据学科知识特点和学生特点设计出知识呈现的最优方式和表达方法，以便引起学生的兴趣，让学生易记易懂。

2. 教师工作更具价值

学生通过课前观看微视频并利用信息技术在学习平台上完成进阶作业。教师通过特定软件分析系统能够很快地把握每个学生的知识掌握情况、作业完成情况及课后复习情况，尤其是像选择题和填空题这些机械批改的作业，平台能够自动统计分析学生答题情况，大大减少了以往教师批改作业的时间，得到一线教师的一致好评，如有教师提及以往想和学生多交流但碍于课程教学压力并没有太多时间进行沟通，现在省去的大量批改作业的时间可对学生进行专项指导。微视频资源也可以减轻教师课上因学生没有很好地掌握而重复讲解的负担，减轻了教师的身体和精神上的双重压力。

3. 课堂管理能力的提升

学生可以先通过课前先行学习微视频基本完成对学科知识点的理解和识记过程，这样在课堂上就会有更多发言和展示机会来表达自己的思想，展示自己的思维方式，有利于学习思维的养成。通过这样的锻炼，学生会提出许多个性化和意想不到的问题，有时甚至会出现问倒教师的情况，这在传统以教师讲解为主的课堂上是很难看到的场景。这对教师也提出了更高的要求，教师必须努力提高驾驭课堂教学的能力。

三、基于慕课理念的高校英语翻转课堂的多元化课程探索

（一）多元的目标定位

高校英语课程的校本化开发是提高高校英语教学质量的重要方法之一。校本课程是在学校本土生成的，既能体现各校的办学宗旨、学生的特别需要和本校的资源优势，又与国家课程、地方课程紧密结合的一种具有多样性和可选择性的课程。

从高校的分类来看，对于重点高校来说，学生的生源相对较好，入学时英语水平总体较高，学习动机较强；一般高校的学生生源属于中等水平，但总体水平一般；而高职高专类院校的学生则总体生源不及重点大学和一般高校。尽管部分高校会出现特例，但总体上来讲，高校通用英语课程目标大致可分为以下三大类：第一类通用英语课程目标是，注重培养学生较高层次语言应用能力的拓展训练，培养学生的创新潜质，这类学校如重点高校；第二类通用英语课程目标是，为已具备通用英语基本技能的学生进一步提高和扩充学生的语言知识，这类学校如一般高校；第三类通用英语课程目标是，为英语基本功稍差一些的学生重点突出英语基本技能的培养和语言基本知识的学习，这类学校如高职高专类院校。

依据以上目标分类，基于慕课理念的高校英语翻转课堂可充分考虑高校间的差异，多元化课程设计。对于第一类以培养创新人才和较高语言应用能力为目标的高校，可依托本校优秀的师资和雄厚的技术力量，开展“完全版”基于慕课理念的高校英语翻转课堂实践。第二类以进一步提高和扩充语言知识为目标的高校，可依据本校实际情况，开展“普适版”基于慕课理念的高校英语翻转课堂实践。第三类以突出英语基本技能的培养和语言基本知识的学习为目的的高校，可根据实际情况，开展“过渡版”基于慕课理念的高校英语翻转课堂实践。需要指出的是，以上三类是动态变化的，不是一成不变的，也会出现中间阶段的状态。

（二）多元的慕课与校本学习资源

对于实施“完全版”的高校，由于学生有较好的英语功底，因此，一方面可以将国际慕课课程“打包”进高校英语翻转课堂中，以同步或异步的形式开设高校英语翻转课堂，即将国际慕课作为资源引入翻转课堂中，或者学生加入国际慕课，追踪课程的学习，让学生近距离接触国际优质课程。但这类翻转课堂中需注意的是，无论采用同步或异步的形式，均会出现慕课和翻转课堂耦合和聚合的问题，给翻转课堂的实施带来一定的难度。另一方面，此类学校也可利用慕课平台，精细化课程设计，自行开发本校优质的高校英语翻转课堂教学微视频，并上传至慕课平台，再根据教学要求和学生情况，随时作出调整，实施高校英语课程校本化，并依托慕课平台和学校自身优势，辐射全国。

对于实施“普适版”的高校，由于学生英语功底一般，因此，不建议普遍采用将国际慕课课程“打包”进高校英语翻转课堂的做法，可由各校视情况分层管理，对英语水平较好的学生开放。此类学校以本校高校英语课程校本化为主，精细化课程设计，碎片化知识点，制作相关教学微视频，但一般高质量的微视频开发要求高，周期也长，可能无法满足本校教学需要。因此，也可采用国内高校英语慕课校本化的办法，加入相关中文慕课平台，借鉴其他高校优质的微视频等资源。

对于实施“过渡版”的高校，由于学生英语功底稍差，因此，建议适度开展翻转课堂教学实践，学习资源仍可采用本校高校英语课程校本化的方式，但主要是借鉴其他高校优质的微视频等资源，可适当提高文本等其他资源形式（如文本）所占的比例。

（三）多元的活动设计

在活动理论的视角下，教与学可以被看作一种具有特定目的的人类活动。教师与学生之间、学生与学生之间有组织的共同活动的序列集合组成了一个特殊的教学系统。活动既是学习的外部形式，也是学习者认知和心理发展的基础。活动从功能角度出发可分为获取体验、知识技能和方法的活动，获取学习动力的活动，评价与反思的活动，总结与归因的活动；也可从活动组织的受众数量角度出发，分为班级活动、小组活动和个人活动；或者从环境的角度，分为在线活动与非在线活动；从话语权角度出发的教师主导活动、学生主体活动以及师生互动活动。而学习活动则可分为基于问题学习的探索性活动、阐明性活动和反思性活动。

对于翻转课堂的活动设计，首先，要注意交互活动的重要性。交互活动包括在线论坛交互、通过交互工具的交互、课堂中师生的深度互动交流及协作式学习等。这些活动有助于慕课个性化理念的实现以及学生知识的内化。

其次，要注意活动设计的适切性。不同教学目标定位的翻转课堂对活动设计的要求不尽相同。以“完全版”高校英语翻转课堂为例，其目标定位是培养学生的创新能力和较高语言应用能力。因此，在活动设计中，应主要关注深度学习的活动内容，如基于问题的学习或基于项目的学习。而对于“普适版”高校英语翻转课堂，因其目标定位是进一步提高和扩充学生的语言知识，因此，活动设计可适当增加语言应用类活动以及高阶思维活动。而对于“过渡版”高校英语翻转课堂，由于其目标定位是基本技能的培养和语言基本知识的学习，故建议适度开展翻转课堂教学活动，或者学生课下可自主学习，但课上并不翻转。

最后，还要关注活动设计的多样性，比如游戏化学习活动以及基于多媒介的多用户虚拟环境。游戏化学习活动可创设仿真的任务情境，给学生以“流体验学习”而使学生沉浸于学习中，提高其学习动机。

（四）多元的平台融合

慕课理念与高校英语翻转课堂深度融合有赖于慕课平台的有效使用。国外的慕课平台尽管开发得较早且较为成熟，但由于语言和受众等原因，并不适用于国内高校英语翻转课堂。而据调查，而据调查，目前国内六大中文慕课平台，若从网络环境、教学平台、网络课程及教学支持等方面考察，总体满意度水平较低，尤其是教师支持、内容设计和技术支持三个维度问题最突出。由于慕课大规模的属性，教师给予支持体验较少，内容呈现仍停留在视频录制层面。

而慕课平台与传统的网络教学平台，就学习管理、系统支持工具及系统技术特性比较后发现，网络教学平台因研发较早，技术成熟，故功能和性能上“都远远优于刚起步的慕课平台”。

因此，高校英语翻转课堂中究竟融合慕课平台还是融合传统的网络教学平台，还得根据学生需求和实际教学情况而定。慕课平台注重学生的学习体验，但对教学支持，尤其是交互支持还是比较薄弱，翻转课堂中交互理念的体现可以辅以微信或 QQ 等社交软件，也可换用 Moodle 等开源平台或 Blackboard 等商用平台。

（五）多元的评价体系

多元的评价包括同伴互评的合理使用。为了应对规模较大所带来的学习测评的难题，慕课引入了同伴互评机制，这一创举招致了不同的观点。有学者认为同伴互评能提高学习者的学习动机，鼓励学生对自己的学习负责，促进学习者的自主学习能力，评价的过程促进学习者自我评价、激发学习者的深层学习等。但也有不同的观点，主要涉及评价者的资质和信度，因为有的学习者既没有评价的能力，也没有评价者所应有的态度，即评价的准确性、公正性以及反馈受到了质疑。国内慕课的测试多为客观题，且采用评价系统直接评分的办法，因此，“同伴互评功能的运用基本上处于空白”。从目前的情况看，翻转课堂的同伴互评主要发生在课堂上，以传统的口头或书面方式进行，因为传统方式容易操作，但是只有线上才能体现同伴互评的主要功能，即独立性、便捷反馈和匿名评价。

根据本研究，互动与评价因子得分较低，翻转课堂学生缺乏社区意识，不愿参加论坛互动有关，这限制了同伴互评的实施。据研究，影响同伴互评的主要因素是学生的知识水平、背景及对评价的态度等。因此，有效实施同伴互评需遵循动态和多元的原则，一方面了解学生的个人特质，如知识水平、学习动机，以便系统动态分组，匹配合适的评价者；另一方面，学生互评中的角色也可以是多元的，既可以是一般评价者，也可以是小组长或者隐性的教师角色，甚至可以是实习生，使学生的互评逐步达到完善。

同时，对于本研究中出现的学生试前集中复习现象，可利用大数据教育行为分析和数据挖掘能力，多元评价学生学习行为，以期使学生周期性分散每次翻转课堂所学习的内容，常记常新，巩固知识。大数据摒弃随机分析法，采用全数据模式，关注相关关系，可以发现被数据淹没的有价值信息。学生的网上行为数据，如微视频学习情况、网上社区参与情况以及学生的成绩数据均可被慕课大数据平台用来分析学习行为，并有效预测学生的能力。教师也可利用大数据了解课程的总体情况，并作适当的调整。

第三节 高校英语混合式教学模式之“微课”

微课在短期内得到广大师生的认同，并广泛应用于日常教学实践，有其特定的技术背景和时代背景。当今社会对专业英语人才的要求越来越高，专业英语教学采用微课教学模式可以在很大程度上提升专业英语教学的成效。

一、“微课”的基本概念

（一）“微课”的定义

微课的教学目标有两个：其一是在线学习；其二是移动学习。在学习的过程中，比较强调学习内容中的一些重要概念，同时，对于学习的时间也有一定的控制，通常会控制在1~3分钟，微课学习的时间一般都非常短，这就是微课的显著特征之一。学习者在学习的过程中，可以通过各种课程提供的资源来建构自身的知识。

微课最突出的一个环节就是实现了现代科学技术与传统课堂的有效融合，二者的融合使学习者的学习环境有了很大的改变，使学习环境变得轻松、自在。

我们还可以从广义与狭义的层面对微课进行具体的探究。从广义层面上看，“微课”其实就是一种针对某个课题或者知识点进行的解说或演示，在解说或演示的过程中需要借助一些比较教学资源，这些资源通常具有碎片化的特点，需要指出的是，这些视频往往短小精悍。从狭义的层面上看，“微课”是一种比较简短的教学活动，这一活动的开展主要是为了满足学习者的个性化学习需求，通过一些短视频向学习者解读某些学科知识点，从这里也能看出，微课教学其实也是信息化教学的一部分。

“微课”与“微课程”是不同的，课程的概念要比课的范围更大一些，微课的资源种类繁多，微视频只是其中一种形式，所以二者并不等同。

（二）“微课”的特点

一般来说，微课主要呈现以下五个方面的特点。

1. 主题明确

微课制作的内容重点往往都是放在最重要的知识点上，这使得其比传统教学内容更加精简，教学的主题也格外突出，这就是微课教学非常重要的一个特点。

在教学过程中，根据主题选择教学内容是非常重要的，只有选择一些主题突出的内容，教学才能够吸引学生的注意力，同时，学生还能借助主题加强对知识的学习。

2. 多元真实

微课的多元性主要体现在资源的多样化上。微课的资源是极其丰富的，它主要由微视频组成，同时还包括微教案、微课件等。传统的课堂教学视频往往非常单一，而微课教学视频由于具有多样性而使得整个教学变得更加丰富多彩。

丰富的微课资源使师生都能从中获得很大的益处。一方面，学生能够通过微视频进行知识点的学习，在复习巩固阶段可以通过微练习实现，在综合评价阶段则可以通过微反馈实现。通过微视频的学习，学生的思维能力有了很大程度的提高，同时，因为使用的是短视频的形式，学生的学习兴趣也得到了激发。另一方面，微课资源的多样化也促使教师不断提升自己的教学技能通过，挖掘与应用教学资源，教师的专业水平有了明显提升，课堂的教学效率也有了明显的提高。

真实是指现场情境的真实，在微课设计过程中，所涉及的场景一般都是真实的，这种相比传统视频教学的虚拟场景，能帮助学生迅速形成一种学习的真实感。场景的真实是建立在现实生活基础上的，针对不同的科目，要根据自己科目的特点选择合适的场景。

3. 弹性便捷

传统课堂教学时间往往是固定的，而微课在时间上则有自己的优势，一般情况下，微视频的时间相对较短，控制在 5~8 分钟，即使有一些长的视频也不过 10 分钟左右。这种时间长度其实是非常有利于学习者学习的，学习者可以利用平常碎片化的时间学习，这样既能节省时间，也能提高学习者的学习效率。

微课资源的容量都不会太大，一般不会超过百兆，这就决定了资源的易存储性，同时，这也使学习者的微型学习成为可能。所以，通过微课进行学习，学习者花费的时间并不多，在这样一个快节奏的时代，弹性地分配学习时间非常重要。

4. 共享交流

在网络资源的很多理念中，共享便是其中一个比较核心的概念。微课的优势是非常明显的，主要集中在两点：首先，微课资源丰富，教与学的双方互动方便；其次，微课打破了传统教学在时间与空间上的限制，最大限度地实现了教学资源的共享。另外，微课还为教师与教师、教师与学生之间提供了沟通与交流的平台，教师可以将自己制作的微课教学视频上传到相关网站上，其他教师可以借鉴、运用，在交流中使自己的教学水平得以提升，久而久之，所有教师便会形成一个学习共同体。学生也可以在学习完视频之后，通过网站与教师实现交流，在与教师的沟通中找到自己的不足，进而提高自己的学习质量。

5. 实践生动

微课受到了社会各界的广泛关注，尤其是一线教师，他们由于长年奋战在教学的一线，对于优秀学习方法感触颇深。

微课开发的主体是一线教师，他们凭借自己多年的一线教学经验为微课制作作出了突出贡献。很多一线教师利用自己学校的资源进行微课建设，开发出了很多有意义的课程，这种建立在学校资源基础上的微课显然具有很强的实践性。另外，对于微课的实践也是有一定要求的，微课的生动活泼不仅要在画面以及音乐上有所展现，而且还要在设计流程以及师生互动方式上有所展现。

二、微课下的教师教学模式和学生学习策略

（一）全面整合教学资源

微课的教学模式是把先进的教学理念和信息技术结合起来，制作重点知识的小视频，让学生能够利用上课前后的碎片时间去学习，让学生能够把学习英语融入日常生活，对知识的掌握更有效率。而翻转课堂的具体运用可以从三个方面展开：听力教学、阅读教学与写作教学。

在听力教学中，教师应当首先使用计算机软件或者多媒体设备把教授内容制作成课件视频，在课堂上灵活运用视频来调动学生的学习兴趣，同时达成教学任务。例如，在进行某一句式的教学时，可以提前把涉及的内容录制下来，重点突出将要教授的句式，并填充后续的讲解和使用方法，在课堂上使用这一音频来进行教学，让学生试着通过听力来了解教学内容，并且与同学们研究探讨音频中不理解的地方，教师也可以围绕音频提出问题，全面考查学生的听力水平。下课后，教师可以把音频发送给所有学生，让学生能够在课后自主巩固与复习，充分锻炼学生的听力。

在阅读教学中，教师可以通过翻转课堂模式把要教授的阅读课程录制成短视频，提供给学生下载，学生在课前和课后自主进行预习与复习，尽量做到完整阅读，并把自己无法理解的部分记录下来，等待课上由教师进行详细讲解。教师在课堂上对阅读材料再次进行详细讲解，能够明显提高教学效率与教学质量，加深学生对知识的理解。

在写作教学中，教师要教导学生英语写作时注意选择句式及语句的搭配，另外还要注重修辞手法，学生通过不断的练习来提高写作能力。关于英语写作的翻转课堂，教师课前，准备关于写作的视频课件是最重要的，视频课件的内容要全面，包括词汇、语法、结构安排等各方面知识。视频制作时，教师不应只是教导学生怎么写，而应根据学生的写作能力设置任务。学生学习了视频的内容后，运用所学知识写作，并把作文的电子版发给教师，教师对学生出现的问题进行分类，在课上进行讲解与分析，借此加深学生对写作知识的掌握。

把翻转课堂教学模式深入教学，整合所有教学资源，只有这样才能提高教学效率，提高学生的英语水平。

（二）充分利用翻转教学

充分利用翻转教学，需要教师深入了解这一模式，能够把有关联的教学方法和教学内容结合起来，如此才能达到翻转教学的最佳效果，成功引导学生的思维。同样地，教师需要完全贯彻翻转课堂的主旨，把学生放在主体地位，让学生能够自主学习知识，而不是被动地全盘接收。在设计课堂活动时，要注重师生之间的沟通交流，依据教学内容去设置合适的教学情境，增强学生对教学内容的理解，活跃课堂气氛。一方面，教师可以利用自身的教学经验总结学生遇到的问题，帮助学生明确学习的目标，引导学生独立思考解决问题；另一方面，教师可以让学生讨论感兴趣的微课内容，并评选最受学生欢迎的内容，这样设计出一节教学活动，增强学生的学习热情，让学生能积极主动地进行学习。在设计翻转课堂的教学内容的时候，教师为了保证翻转课堂教学效果，应当从以下四点入手：首先，充分掌握学生的兴趣爱好，并对学生的兴趣爱好分类和总结，在设计微课教学内容时以此为基础，通过设计的教学内容充分调动学生的学习兴趣，让学生能够产生学习欲望。其次，通过微课设计充满趣味的课堂活动，激发学生的学习热情，确保在课上教师与学生之间存在互动，另外还可以采用分组完成课堂活动的形式，增进学生之间的沟通与交流。再次，尽量不占用学生的课外时间，支持学生参加兴趣活动，以此达到对学生的英语思维方式锻炼的目的。在课堂上，教师要熟练运用翻转教学模式，让学生以项目研究为主体自由讨论。可以让学生分组自由发挥，发散思维参与研究，也可以让学生利用课外时间搜索相关资料并总结。最后，通过小组讨论将意见汇总，组长把每个小组的意见反馈给教师，教师在课上进行意见分享。

这里需要注意的是，教师在教学时要确保学生的主体地位，确保以教学活动为中心，不能对学生过多干涉，让学生能够自主研究学习课题。如此不仅能节省投入的时间，而且能激发学生学习的兴趣，最大限度地提高学生的英语水平。教师还可以偶尔给学生布置一些作业，让学生在完成作业的过程中找出自身的不足，然后教师在课上给学生解惑，弥补学生的学习短板，让学生的综合学习能力得到提高。另外，教师还可以利用 QQ、微信等通信工具分享微课的学习内容课件，让学生能够利用碎片时间学习感兴趣的知识，利用教学资源全面提高学生的英语能力。教师在英语教学的评价上，应当运用翻转课堂评价体系，对学生在翻转课堂上的表现和课外自主学习成果作出评价。为了保证评价能够公正客观，需要运用多样性的方式，让学生融入体系内，能够对自己的学习状态和知识掌握情况作出判断，教师能够通过学生的自我判断以及平时的表现完成评价。这一体系可以代替期末考试，让学生以自主学习的方式学习英语，英语成绩得到提高。如此充分利用翻转课堂的教学模式，满足学生的学习需求，保证教学内容的连贯和完整。

（三）建立教学反馈体系

在主要运用黑板、多媒体设备和教材传授知识的传统高校英语教学模式下，学生只能由教师的讲解内容来学习知识，这可能会导致学生对知识的理解不深，知识运用不熟练，以致无法达到预期的教学目标。而利用微课的翻转课堂教学模式是以学生为主体，全部的手段都是为学生服务的，调动学生学习兴趣的教学视频这一手段，将所有文字、画面结合起来，让学生的学习从课上延续到课下，再顺延到网络，利用网络的多元化进行学习，促进学生的个人发展，培养学生的知识运用能力，调动学生的学习积极性，以提高学生的综合素质及综合学习能力。教师需要把教学目标和学生的学习能力结合起来，建立起科学的教学反馈体系，实现多元化教学。在这套教学反馈体系中，教育管理部门应该对体系进行检验，并改善其存在的问题，全面完善这一体系，保障教学任务的完成。教务处则可以让各年级的教师对本年级的学生发起调查，以填写问卷的方式了解学生的英语学习状况，以及英语学习中出现的问题，总结分析所有的调查问卷，通过解决学生学习中遇到的问题与学习状况来建立翻转课堂的教学模式，并在此基础上完善教学反馈体系，加深教师对学生的了解程度，以此来改善教学情况，与学生共同努力以提高其英语水平。建立教学反馈体系表明教师要改变自身的定位，由教师中心转变为学生中心，并根据反馈体系来设计不同的微课类型，满足学生不同的需求，令教学活动既灵活又立体，同时培养学生的思辨能力，让学生的思考不仅局限于教学内容，而是把社会、生活和文化结合到一起分析，拓宽自身知识的深度与广度，增强逻辑思维能力，充分运用信息时代的便利，运用互联网提高英语的使用频率，增强英语的应用能力。教师可以建立一个包含所有学生的微信群，把微课资源和翻转课堂的学习内容发到微信群内，让学生充分了解学习内容，并展开自主学习。在学生把所有内容完成一遍自学后，在微信群内反馈给教师，让教师对学习成果进行评价，学生通过评价了解自身学习成果，对学到的知识进行梳理，纠正学习中存在的错误，提高学习效率与学习能力。这样的反馈体系对微课的翻转课堂模式作出补充，可以充分放大这一模式的优点，提高教学效率，在保证完成教学任务的同时，提高学生的自主学习能力和实践能力。同样，反馈体系还能够提高教师的微课制作能力和信息化教学水平，促进教师改变传统的教学方式，培养信息化教学素养，改善英语教学的效果。另外，这一反馈体系还能够改善教学环境，推进教育改革，提高整个学校的信息化水准。

（四）现行的教学模式下学生应努力的方向

学生可以在从网络上丰富的教育资源里获取所需知识，教师也可以利用微信、微博、视频网站等开放的网络平台，高效率地为学生提供学习资源。由于先进的网络信息技术的支持，学生的学习时间、地点、方式、内容都可以灵活安排，学习节奏完全由自己掌握，实现学习的个性化。大部分学生对基于微课的高校英语翻转课堂教学模式的接受程度较高，认为这种教学模式可以提高他们学习英语的积极性，并大大提高学生课堂上的参与度，分组讨论时小组成员们互帮互助，共同完成作业，使学生能获得学习上的成就感，大多数学生认为这样的教学内容更加有趣，也更加丰富，普遍比较接受这种教学模式。可是，这一教学模式对学生的要求更高，不但要求学生有较强的自律和自主学习意识，还要求学生具有团队协作能力。也有部分同学反映视频课件的画面质量有时候不是特别清晰，授课老师的语速也不尽相同，这给他们的课前自主学习带来了一定的困扰。

为了学生能够充分享受基于微课的翻转课堂的益处，第一，学生要建立自主学习意识，拥有较强的自律意识，在课前能够独立或者和学习小组一起观看学习视频并掌握所学知识，总结学习遇到的问题并在课堂上提出解决；第二，学生要有团队协作意识，能够主动向小组成员学习，积极参与小组讨论，成果展示时要尽自己的一份力量；第三，学生要努力提高自己的听力和口语水平，确保在课堂上能有高水平的表现；第四，学生要对于小组成员给予的评价进行自我反省，主动与教师沟通学习中遇到的困难，让自己在翻转课堂的教学模式下获取更多的知识。

在翻转课堂的教学模式下，学生是学习活动的中心，学生通过课前的自主学习，能够完成知识的传递，课上在教师的指导下，与小组成员合作解决问题，实现个性化的自主学习。翻转课堂的教学模式创造了一个学生相互协作的学习环境，学生高度参与课堂，通过师生及小组间的交流理解所学知识，形成学生的知识体系，让学生变成课堂的主角。

三、基于微课的混合教学模式

（一）教学设计

根据课程特点以及学院的教学实际，本研究中混合式教学的内容主要围绕《新编大学英语》（第三版）的7个精读教学单元展开，混合式教学团队组教师将指定的7个单元的文化背景知识和词汇讲解均制作成视频传至校网络教学平台，每个单元配有相应的在线作业和练习。此外，教师录制的四六级写作、翻译等精讲视频也供学生在线学习。英语教学主要围绕课堂线下学习（主线）和E-learning线上学习（辅线）展开，分两个学期完成。上课前一周，教师上传单元学习视频及相关资料，让学生课前导学，完成视频的学习。课堂教学的第一节课主要通过互动式提问、教学游戏等形式检查线上学习内容，教师点评学生的视频观看情况，并补充讲解视频中的疑难点。第二节课进入课堂的互动式学习，通过文本的剖析加强学生对线上学习内容的理解。课堂教学除了课本内容和基于网络平台的学习内容，还引入了一小部分基于网站的报刊内容。课后一周，学生主要完成基于单元学习的平台作业（主要以词汇题和阅读理解题为主），并就所学的线上内容在平台上与其他同学和老师进行互动交流。总之，课前、课中和课后这三个教学环节环环相扣，线上学习和线下学习相辅相成。与普通班的不同之处在于，混合式教学模式下的班级在高校英语课程学习中，既有通过网络学习资源进行的讨论，又有传统方式的课堂授课和小组研讨，大大减少了教师在课内的教学工作量，便于有效教学的开展。

课堂教学中引入的报刊教学内容主要来自国内外权威的英文官方网站，综述和分析当前人文和科技、政策的最新动态，有助于学生了解本学科领域内的专业前沿，拓宽专业视野。

在教学活动的安排上，努力将课堂活动和在线活动有机结合并创建多元化的学习活动，如课堂讨论、在线讨论、单词竞赛、作品展示等。具体可分为以下两个模块：①课堂讨论和在线讨论相结合。课堂讨论主要围绕在线学习内容以及课文主题展开，课堂讨论中无法深入展开的讨论，努力将其延伸至教学平台的讨论区中。②课堂作业和在线测试相结合。一方面，教师通过设定开放时间督促学生完成网络教学平台上的基本单元测试；另一方面，教师将重点内容的测试延伸至课堂，通过阶段性测试、游戏、竞赛、小组任务等形式测试学生的掌握情况。

（二）教学实施

1. 课前导学与自学阶段

学生在该阶段主要完成对教学单元主题和知识点的初步认识和理解。一方面，教师需要准备充分的教学素材，如线上教学的视频和词汇作业、线下教学的单元内容和新闻素材、微型资源的建设、教学目标的制定、作业和任务的发布等；另一方面，学生需要在自学教学素材的基础上，提出问题，并将学习的情况反馈给教师。

2. 课中教与学阶段

该阶段不仅需要教师的课堂传授，也需要学生积极地参与学习，主要环节包括课堂测验、教师点拨、任务操练、学生讨论等。教师不仅需要测试学生对在线内容的学习效果，特别是检查学生对单元词汇等知识的掌握情况，还需要充分利用课堂宝贵的时间引入新闻的学习。测试完毕后，教师需要对重、难点进行概括和梳理，帮助学生深度理解和掌握所学的知识。任务操练主要针对知识难点、知识运用和教学新内容而设定。教师需根据学生学习特点，通过案例分析、小组合作、抢答竞赛等各种任务型学习方法完成对所学知识和难点知识的内化过程。

3. 课后的延伸与拓展阶段

该阶段仍需依托网络教学平台协助完成。教师除了在课堂给学生布置拓展学习任务，让学生学会知识的应用能力，还要在平台上继续监督学生完成在线反馈和讨论，并下发新一轮的学习任务。在生生互动、师生交流的基础上，教师作最终的教学总结和反馈。

（三）教学评估

教学评价是根据教学原则和教学目的，利用一切切实可行的评价方法及技术对教学过程及其预期的效果给予价值上的判断，以提供信息，改进教学和对被评价对象做出某种资格证明。目前，很多高校为了更好地促进课程建设与全面发展，积极推进课程评价与测试体系的开发和实施。高校英语作为一门教育部指定的高校公共基础课，在课程设计、教学方法和手段、教学内容、评价与测试、教学管理、教师发展等各个方面的研究和实践也与日俱增。

教学评价除强调对学生综合能力及教学体系的全面考查外，还重视评估结果对学生、教师以及其他相关者的反馈。教师通常会使用形成性评价和终结性评价来考查学生对所学内容的掌握情况。形成性评价一般是在教学开展的过程中进行，且关注学习者取得的任何进步和发展，而终结性评价则在教学结束后进行，注重最后的成绩。可以说，过程性评价对教师和课程设计者非常重要，因为教师可以不断获得教学反馈，并根据教学反馈及时对教学作出相应的调整。对混合式教学模式下的学习过程，考核以形成性评价为主，鼓励学生加强平时的任务型学习，积极参与课堂的教学活动，努力提高语言的应用能力。在进行形成性考核时可灵活地将考核内容和比例作出相应的调整。以形成性评价为主、终结性评估为辅的考核模式将大大增强学生英语学习的自信心，激发学生平时的英语自主学习兴趣，从而实现英语综合运用能力和“精语言、通文化、懂专业、会学术”的目标。

评价高校英语混合式教学模式下的学习效果时，线上学习的过程性或形成性评价以学生的学习过程为对象，教师通过网络教学平台对学生的表现进行在线评价。教师通过平台的在线统计数据，如课程访问统计、学生学习统计、成绩统计等，找出学生混合式学习过程中的显著问题。

总之，通过对学生“课前在线自学+课堂线上表现+课后线下温故+期末测试”的全过程评价，不仅可以督促学生在各个教学环节积极主动的学习，同时也可以帮助教师更好地监控学生线上学习和线下学习的全过程，便于教师开展教学反思。

四、“微课”在高校英语教学中的应用

（一）英语微课教学的特点

1. 教学目标明确

高校英语教学内容包括单词、语法、课文结构、文化背景等多个层面。教师在准备微课时，既要掌握学生在学习过程中遇到的困难和困惑，又要突出英语教学的某一个层面。例如，如果教师选择单词层面来制作微课，可以针对某个单词在不同语境中具有不同的含义来制作一系列微课，以此来强调该单词在不同语境中的用法，既可以节省上课时间，又可以加深学生对该单词的用法掌握，教学目标明确，从而达到良好的教学效果。

2. 教学内容简明扼要

微课的一大特点就是“微”，它的教学时间在 5～10 分钟，教学内容具有高度的集中性。一般一次微课在应用过程中应基于高校英语教学的某一知识点或者某一教学层面，所以微课教学时间短也凸显了其教学内容具有简明扼要的特点。

3. 教学资源丰富

微课一般以视频作为载体，可以借助大量内容丰富的网络资源，并根据学生的需要选

取、制作视频课件，这就极大地保证了微课教学的丰富性与多样性，有助于保持学生对高校英语学习的热情，进而提高学生的学习效果。此外，以多媒体形式展现的微课有助于学生在课堂上进行集中学习，实现对重点知识的快速掌握。

4. 教学具有互动共享性

微课以简短的视频呈现，对学生而言具有强烈的吸引力，大多数学生在微课的吸引下，全面投入高校英语课堂教学中，有助于提高学生的课堂参与度，有助于教师在课堂中与学生实施有效互动。此外，教师可以和学生分享具体的微课资源，这样，学生就可以在课余进行自主学习，进而提高学习成效。教师还可以利用微课与学生随时沟通交流，结合学生对微课的反应及时调整自己的教学节奏，进而提高微课教学的科学性和有效性，保证学生高效、优质地学习。

（二）在高校英语教学中实施微课教学的意义

1. 微课有助于学生的自主学习

一些学生的英语基础比较薄弱，在学习过程中会遇到不少问题。这些学生在高校英语课堂教学过程中往往难以跟上教师的节奏，对其中很多知识点一知半解，难以有效掌握相关的学习内容，不利于英语学习成绩的提高。微课恰恰可以通过一种崭新的学习模式解决这类学生的问题。教师在课前准备过程中，可以基于学生的英语实际水平，结合学生的学习需求，制定具有针对性的微课学习内容。微课的内容虽然较少，但是具有高度的集中性和针对性。学生通过对微课内容的仔细学习，可以在较短的时间内掌握一定的学习要点，进而全面提升学生课堂学习的效率和质量。此外，学生可以根据自己的需要向教师寻求对应的微课教学资源，然后在课余时间进行自主学习。学生在课堂上未能完全掌握的知识点，在课后结合微课资源反复学习，直到完全掌握，这样就可以满足学生的个性学习需求。学生通过自主学习不断提升自身的英语水平，进而增强英语学习的信心和热情。微课能够促使学生的学习进入一个良性循环，最终达到全面提升学习效果的目的。

2. 微课有助于教师实施课堂教学

传统课堂需要英语教师对教学重点进行讲解和考核。这样，教师的时间和精力被大量消耗，难以对学生实施个性辅导。微课教学的出现为教师带来全新的教学方式，教师利用微课引导学生进行学习，还可以留下时间为学生答疑，并对个别学生进行有针对性的辅导。教师还可以把自己的微课视频上传到互联网上，让更大范围内的学生、教师、专业人员来观看并点评自己的课堂教学，并通过微课平台实现与其他教师沟通交流的目的。教师在这个过程中不断提升自己的教学水平，发现教学中存在的问题，进而实施有效的改进措施。这对于教师全面发展自己的教学水平具有重要作用和意义。

3. 微课教学有助于提高课堂效率

微课的出现改变了单一枯燥的传统教学方式，为学生展现了一个全新的学习世界。由于微课教学主要依托互联网，这种教学方式可以有效激发学生的学习主动性和积极性。而且微课在较短的时间内集中讲解一到两个知识点，可以让学生具有明确的学习目标，进而在相应的时间内完成相关知识的学习和掌握。这种学习方法与之前的大范围课堂教学比起来，可以有效提高课堂教学效率，使学生在有限的时间内掌握更多的知识，为学生英语成绩的提高起到良好的促进作用。

4. 微课教学有助于促进师生之间的沟通交流

微课教学主要利用互联网完成，学生可以利用微课充分掌握教师的教学风格。学生在进行微课学习之后可以向教师及时反馈自己的学习感受，将自己在学习过程中难以完全理解或者掌握的知识点向教师反映，还可以提出对微课进行改进的建议，微课给师生之间的沟通交流提供了一条全新的渠道。通过学生的学习及反馈，教师可以找到最有效的教学方式，促使微课课堂达到最佳的教学效果，从而在整体上提高高校英语课堂的教学效率和教学质量。

（三）高校英语教学中应用微课的教学方法

1. 合理选择录制方式及内容

微课的视频录制是教学进行的关键，一般来讲，微课的录制主要采用图片或者视频方式，或者兼有图片和视频。在具体的录制过程中，教师首先要对学生的学习状况进行全面的了解，在充分了解学生在学习过程中遇到的困难以及对微课教学的期待之后，再录制微课。教师在录制视频的过程中可以结合具体内容进行一定的解释和强调，对于微课学习中的重点知识，及时提醒学生做好笔记或仔细听讲。图片在微课中运用较少，但是图片具有良好的直观性，可以将学习内容直面呈现给学生，促使学生进行直接的学习。在具体的微课教学过程中，最好将视频和图片两者进行有机结合，进而达到更好的微课效果。这样的方式能够为学生带来内容丰富多样的、富有吸引力的教学内容，激发学生的学习热情，使其在微课学习过程中达到更高的学习效率和学习效果，促进学生英语成绩的全面提高。

2. 把握微课教学的特点

微课的特点是只有通过在课堂上对某个教学重点或者难点进行集中教学，才可以提高学生的学习效果与掌握程度。因此，教师在运用微课进行教学的时候，应掌握教学重点难点，根据教学需要播放对应的微课教学视频；在不同的教学阶段应用微课建立该阶段的英语知识结构体系，实现不同的教学目标。在微课教学过程中，教师还要保证学生的教学主体地位，教师只是课堂的组织者和引导者。教师需借助现代计算机技术和信息技术，不断拓展课堂教学方法，进而发挥微课教学的优势与作用。

3. 设计微课教学环节

为了全面发挥微课教学的巨大优势，教师需要对微课教学环节进行精心设计。先要为微课学习确立有针对性的教学主题和目标，结合学生的学习实际，设置教学的具体步骤与过程。同时，鉴于微课的用时短的特性，教师在运用微课的时候，需要快速切入要点，进而促使学生快速进入学习状态，有效强化教学效果。可以采取多种教学方式，如切入要点、设置问题、复习知识等。还可以根据教学需要引入学生生活中的生动情景来加强学生对微课学习的热情。无论采用何种方法，话题的引入需要凸显教学主题，为后期的教学展开和知识传授奠定坚实的基础。微课的应用需要教师保持清晰的教学思路，为学生构建清晰的英语知识结构，在每个学习阶段为学生呈现不同的教学内容。但是，每个教学环节都是整个知识体系中的一环，通过微课的学习，在学生头脑中形成一个完整的英语知识体系，加深学生对英语学习内容的理解，最终有效提高学生的英语成绩，保障高校英语课堂教学的质量与效果，才是高校英语课堂运用微课教学模式的最终目的。

五、“手机微课”在高校英语教学中的应用

随着信息技术的迅速发展和智能手机的应用普及，学生的学习方式和教师的教学方式都发生了巨大的变化。以建构主义理论为指导，通过对手机移动学习和微课的特点进行分析，研究如何以手机为终端，系统而科学地构建微课学习环境，开发微课学习的形式和策略，以期为“手机微课”在高校英语教学中的开展提供参考。

（一）“手机微课”的理论基础

社会建构主义教学论的核心思想认为学习是一种主观能动的知识建构，是与社会环境进行互动的过程，明确强调了外在环境和社会因素对认知的作用；强调学生是课堂学习的中心，知识构建的主体，而不是知识被动的接受者，在信息加工和知识构建过程中起到关键的作用。教师在知识的构建过程中起到引导者和发问者的作用，在一定的情境下通过协作、讨论、交流帮助建构意义，而不是单向的知识传输。同时，建构主义学习理论强调通过意义建构获得，而知识的建构来源于活动与学习情境互动。更加强调学习的主动性、社

会性和情境性。因此，学习的过程不是简单的知识内化，而是在特定的环境下社会互动的结果。“手机微课”的学习方式和建构主义学习理论具有一致性：学生技能的获得不是简单通过教师传授，而是通过真实情境的创建，促使学生的学习内容和学习方式与外在情境发生有效的互动，从而激发学生的学习兴趣，达到更好的学习效果。所以，“手机微课”在高校英语教学中具有巨大的发展空间。

微学习指的是学习者主动通过现有的、便捷的手持终端获取片段式学习资源，快速解决问题的学习方式。微课是微学习的具体呈现和应用。微课是以网络为传播途径，以微型视频为授课方式，由学生自主学习。微课的出现是教育资源建设之重心由助教向助学转变的重要契机。21 世纪是信息时代，手持终端的便捷性和普遍性，信息传播途径的多样性为手持终端微课的可行性打下了坚实的基础。

（二）“手机微课”的优势分析

传统的高校英语教学以课堂学习为主要学习方式，而课堂教学时间有限，方式比较单一，内容比较单调，知识更新不及时，导致学生学习兴趣缺乏，效率较低，个性特点无法体现。“手机微课”可以从根本上改进当前的英语教学，主要体现在以下方面。

1. 以学生为中心，提高学生学习的主动性和自主性

以学生为中心是高校英语教学的至高原则。学生基础参差不齐，接受能力也存在一定差异，因此，通过课堂学习达到预期的教学效果有一定的客观限制。而微课的出现可以在一定程度上改进目前的教学情况。微课是一种提供给学生的自主学习的教学资源，既可以作为课堂内容的有效补充，也可以满足学生的个性化需求。教师可以在课前通过手机终端或者计算机登陆，将微课视频上传，学生通过手机终端提前预习，可以极大地提高教学效果。

2. 英语教学更具延展性、开放性和整体性

利用手机终端的学习模式能够有效地利用碎片式时间，不受时间、地点的限制，可以实现泛在学习，比传统的课堂学习更具延展性和开放性。学生在课堂上没有消化吸收的知识可以通过存储微课资源继续进行课下巩固。微课短小精悍，言简意赅，比传统英语课堂更加高效便捷，教学方式更加灵活，与可以进行碎片式学习的手机终端结合，可以达到更为显著的教学效果。

3. 充分利用网络资源，使英语教学也能够实现与时俱进

随着信息技术的迅速发展，网络教学资源日益丰富，而且更具时效性。英语教学主要

从学生的听、说、读、写、译五个方面着手，使网络资源的充分利用可以达到全方位的教学效果。例如，可以通过语音合成软件将新闻、故事等转换成音频文件，利用程序生成器生产图片集和视频集等多媒体应用程序，以制作微课内容。同时，丰富资源的可以激发学生的学习热情，促进教师与学生的垂直性和交叉性互动，增强教学效果。

（三）“手机微课”的设计原则

在微课设计方面，要以学习目标为指导，充分考虑学生的学习模式，精心设计微课内容。同时也要考虑高校英语教学的实际情况。教学设计、创意和教师的教学智慧才是微课设计和开发真正重要的东西，它才是微课的生命力所在。因此，高校英语“手机微课”的设计要满足以下三个原则。

1. 以学生为中心开展互动式教学，实现个性化教学

在微课的设计当中，教师必须从学生的角度考虑。微课是以学生自主学习为主，因此要充分考虑学生的学习目的和学习方式。“学生的学习目的是解决问题，微课可以结合学生的兴趣点、疑惑点、困难点，把教学内容分解为一系列小问题，顺着学生的问题思路展开内容讲解。”例如，学生在英语学习中的词汇、语法本身具有独立性，都非常适宜通过“手机微课”的形式体现。将抽象的词汇和语法知识点具体化、可视化，制作微课视频，学生可以充分利用碎片式时间，将本身零散的知识串联。同时，微课设计的提问环节中，教师必须深入了解学生的兴趣点，从他们最关心的问题着手，结合切身实际增强学生的参与性。

2. “手机微课”的内容设计必须简洁连贯、生动活泼

“手机微课”是以视频为载体的教学资源，在内容的选择上必须突出视频资源的优势。视频主要通过图像和声音以连续的动态方式表达。随着信息化的普及，网络为我们的教学提供了丰富的资源，同时，教师可以根据自己的教学内容和教学对象的实际，自主设计更具方向性的视频内容并应用于“手机微课”。考虑到“手机微课”使用的是碎片式时间，微课内容必须短小精悍，生动有趣，能够在短时间内达到教学效果。同时，各微课之间也要实现内容的连续性，达到知识系统学习的目标。

3. “手机微课”注重情境的创建

建构主义注重学生的学习活动与外在情境进行有效的结合和互动，手机的移动学习，尤其是通过微视频的学习可以将学生的所学知识与社会情境融会贯通，促进知识的内化和意义的建构。英语学习主要是语言文化的学习，在微课视频中加入生活情境和社会实践，可以带给学生身临其境的感觉，增强记忆并且更具实践性。

（四）“手机微课”在高校英语教学中的课程设计

“手机微课”的课程设计可以从学习者终端、教师终端和智能移动学习平台三个方面入手。教师和学生都可以用智能手机登录，并进行视频上传和播放，同时教师和学生可以通过互动平台进行交流，实现手机终端与微课的有效结合。

教师通过网络平台检测学生的课前学习进度，之后将课堂主要讲授内容以微课视频上传。微课视频的设计必须体现情境创建的策略。多项研究表明，教学中采用情境创建和案例分析的效果非常显著，而微课可以与案例教学完美结合，更具故事性和趣味性。教师应尽量避免按部就班地罗列英语常用句型，而是可以在微课中设置人物，将以上两部分知识以故事方式展开，创建更为真实的情境。

学生通过手机终端，在学习过程中对微课视频进行标注，实现标注和微课视频的结合，同时对微课进行提问和评价，教师通过互动平台进行回复，满足学生的个性化需要，改革传统的课堂教学模式，积极构建学生对于英语学习的认知。课堂上，教师通过微课反馈结果来总结分析学生在预习阶段对于微课视频提出的问题，以巩固学生的学习效果。鉴于英语学习的实用性，教师可以鼓励学生自己制作微课视频并上传至网络平台，以实现资源共享。“视频的优势并非传递抽象的文字信息，而是传递具体、直观的图像信息，特别是连续动态的图像信息。”学生对于视频的制作普遍有很大的积极性。学生可以结合自身情况构建生活情境，制作微课视频，以供教师和学生交流。同时，教师通过平台上学生的反馈可以对学生的学习状况合理评价和监控，实现与学生的实时互动。

微课作为课堂教学的有效补充和延续，与手机终端的有效结合可以进一步增强教学效果，可以利用更加丰富的教学资源，充分发挥教师的创新性和学生的自主性。

第四章　信息化时代下高校英语词汇、语法与听力教学的改革

第一节　高校英语词汇教学的改革

词汇是构成语言整体的重要细胞，是语言系统赖以存在的支柱，英语学习的关键在词汇学习。但现在高校英语词汇教学的现状并不佳，学生对词汇的掌握和运用情况并不理想，所以随着高校英语教学改革的推进，也必须对高校英语词汇教学进行新的改革。本节将对信息化时代下高校英语词汇教学的改革进行探究。

一、高校英语词汇教学的内容

词汇是学生在学习英语时非常难突破的一个环节。英语词汇数量巨大，而且十分活跃，其读音和拼写与母语文字差异较大，一词多义的现象更是十分普遍，这就给学生带来了很大困难。所以，教师指导学生学习、掌握英语单词，加强对学过单词的巩固和运用是英语教学的重要内容。

具体来讲，英语词汇教学的内容常根据词汇本身所涉及的内容而定。认识一个单词意味着对其意义、用法、相关信息、语法的了解和掌握。所以，英语词汇教学的内容也基本包含三个方面。

（一）词汇的意义

词汇的意义是英语词汇教学中教师首先要让学生掌握的内容。但因汉语与英语之间的差异，一些词汇的内涵与外延在两种语言中也不尽相同。词汇意义的理解与语境有着密切关系，语境不同，词汇的含义也会有所差异。所以，教师应采用不同的教学方式让学生了解不同语境下词汇的不同含义，从而让学生有效掌握词汇。因此，在英语词汇教学中教师应有意识地引导学生，使学生了解和掌握词汇在不同语境下的不同含义。

（二）词汇的用法

词汇的用法也是高校英语词汇教学的重要内容。词汇的用法包括词汇的搭配、短语、习语、风格、语域等。例如，我们通常都会用 hot 形容热，这是在书面语中的用法，但在口语中就会有不一样的意思，如我们说 “That is a hot guy”，在这里 hot 是形容一个人身材或长相很吸引人。

其中，词汇搭配在英语学习中十分重要，因此也是高校英语词汇教学的重要内容。在具体的语境中，一个词往往要求和某些特定的词汇搭配。例如，allow、permit、consider、suggest 等这类动词后不能接不定式，只能接动名词。此外，有些词组是固定搭配，不能混用。例如，out of question 的意思是 “没问题”，out of the question 的意思是 “不可能”，二者结构相似，意义却大相径庭。

（三）词汇的语法特点

词汇的语法特点又称 “词法”，主要包括名词的可数与不可数、动词的及物与不及物、及物动词的句法结构等，它们也是英语词汇课堂教学的重要内容。具体来讲，词汇的语法就是要解决诸如动词接什么样的宾语，是接不定式还是动名词，是从句还是复合宾语，如何安排副词短语的位置等问题。

二、高校英语词汇教学的原则

为了更加有效地组织词汇教学活动，促进词汇教学的进步，提高学生的词汇能力，并培养学生的英语交际能力，高校英语词汇教学应遵循以下六项教学原则。

（一）循序渐进原则

英语学习是一个循序渐进的过程，同样英语词汇学习也不是一蹴而就的。所以，词汇教学应该遵循循序渐进原则，不可毫无层次、毫无系统地教学。教师在讲解词的意义和用法时，应遵循由少到多、由易到难、由浅入深的原则展开。当所学词汇是初次出现时，其范围不可超出所学材料；随着教材中新词义和新用法的出现，逐步扩大范围，加深认识。在词汇学习起始阶段，要由旧到新，即在学习新的意义和用法前复习已学的意义和用法；不能超越学生的英语水平，即不能提前讲授学生尚未接触到的词义和用法。总之，词汇教学要步步为营，层层递进，循序渐进，不能追求一蹴而就，一下子向学生讲解一个词的所有知识，否则就会弄巧成拙，不利于学生掌握该词的意义和用法。同时，当学生达到了较好的词汇理解程度，应尽可能地拓宽学生的知识面，使学生了解到一个单词的多种用法，掌握一个单词在不同语境中的不同用法。

（二）兴趣激发原则

兴趣在学生的词汇学习中所发挥的积极作用是不容忽视的，如果学生对英语词汇学习有兴趣，那么学生就会有持续的动力，词汇学习就会一直坚持下去，而且学生会带着强烈的欲望去练习英语，寻找一切机会提高自己的词汇水平，在不知不觉中，学生的词汇能力就有了提高。反之，如果学生对词汇学习失去兴趣，那么学生将没有学习的动力，学习效果也不会很好。因此，在高校英语词汇教学中，教师应有意识培养学生的学习兴趣，通过多样化的教学活动来激发学生的好奇心，进而调动学生的积极性，使学生更加有效地学习英语词汇。

（三）数量与质量相统一原则

英语词汇的数量是极其庞大的，所以英语词汇量的积累需要日积月累，不能一蹴而就。也就是说，对词汇的掌握也应该是一个循序渐进的过程，无论是拼写、语义、用法等都应按照层次逐步提高，实际上这个提高的过程也是词汇教学在质的方面的发展过程。学生的词汇学习是一个量与质并举的过程，词汇学习中的量包含学生所能达到的词汇量，质包含对词义的正确理解和使用，两者是相辅相成的有机整体，如果无法正确理解和使用词义，那么词汇量的积累毫无意义，词汇的储存和积累最终是为了语言意义的表达和交际。当学生对词汇的认知越全面，越有助于学生学习和掌握更多的词汇，也越有助于学生熟练运用词汇。因此，高校英语词汇教学注重词汇数量与质量的统一，并以此为原则来指导学生的词汇学习。

（四）联系原则

词汇学习本身是一件枯燥的事情，所以高校英语教学除了要教授学生词汇知识外，还应教授学生有效掌握词汇的方法。英语词汇量极为庞大，但其核心词汇数量并不多，而且大多数为多义词。同一个词汇的多个意义之间往往是相互联系，构成一个彼此相关的概念群。有些词汇因词义上的紧密联系，常常会形成记忆中的词汇链，只要掌握其中的一个，其余的就会被记起。根据这种规律，英语教师应指导学生将新词的学习同旧词相联系，引导学生掌握一词多义之间的相关性，使学生把握词汇意义的构成规律，从而达到温故知新、掌握词汇意义的目的。

（五）文化对比原则

每种语言都不能脱离其背后的文化而独立存在，而文化也会借助语言来表现自己，两者密不可分。词汇作为语言的基本组成部分，也蕴含着丰富的文化内涵，所以学习英语词汇不仅能要掌握词汇的基本意义，还要掌握词汇的特定文化内涵和词汇在不同文化背景下所体现出的文化差异。例如，汉语中的“知识分子”和英语中的 intellectual 基本含义相对，但文化含义却有很大差异。“知识分子”在中国不仅指受过高校教育的人，甚至在偏远的农村中学生都被看作“知识分子”。但是在欧美国家 intellectual 仅仅指高校教授等有较高学术地位的人，其范围要比中国的“知识分子”小很多。所以，在英语词汇教学中，教师应对词汇的深层文化含义进行挖掘，让学生有所领悟，并从中感受中西方文化的差异，进而提高学生的词汇运用能力

（六）语用原则

英语词汇教学所涉及的内容和范围虽然十分广泛，但核心问题非常明确，即让学生高效地掌握一定的词汇量，并将它们有效地运用于交际。对此，在高校英语词汇教学中，教师要有意识地创造各种语用环境，鼓励学生将词汇与听、说、读、写练习起来，并通过听、说、读、写等方式进行运用，进而全面提高学生的词汇运用能力。此外，教师还可以根据不同的学生特点以及具体的教学要求，将词汇与语境结合起来，通过创设生活情境、模拟交际情境等，引导学生理解、记忆、掌握和运用词汇。

三、信息化时代下高校英语词汇教学的方法

在信息化时代背景下，高校英语教师应结合现代化教学手段，灵活采用有效的方法来开展高校英语词汇教学，从而促进高校英语词汇教学的改革与发展。

（一）扩大词汇输入渠道

在网络化时代背景下的词汇教学中，教师应该让学生输入足量的语言信息，使学生能够使用这些语言信息进行自然的交流。也就是说，要求教师给学生提供更多真实的语言环境。根据“语义场”的理论，学生可以通过扩大语义网来扩充词汇量。同时，网上有很多的网站可供学生学习和练习词汇，也有对词汇进行测试和阅读理解的内容，这都是扩充学生词汇量的渠道。

此外，很多学习资料也附有音频资料，学生可以根据需要进行下载听取，对自己的词

汇知识进行巩固。在线字典可以帮助学生解决遇到的生词，网络搜索引擎可以扩充学生的词汇输入和词汇学习渠道，解决词汇学习中遇到的语言障碍和文化障碍。

在知识输入的过程中，教师应该注意学生对词汇知识的掌握程度，观察学生是否能够将所学的词汇与具体事物和概念联系起来，是否掌握了词的上下文关系、语体风格、感情色彩等。当然，这些在网络环境下是比较容易实现的。例如，在学习同义词时，教师可以将相关词语的不同点和不同用法运用公式和图表的形式呈现给学生，并通过文本和声音将大量例句输入给学生等。例如，在学习 abolish、cancel、repeal 这三个同义词时，教师可以将相关词语的不同点和不同用法运用公式和图表的形式呈现给学生，指明 abolish 为正式用词，指彻底废除某种制度、规章或习俗；cancel 的用法广泛，多指取消债务、合同、证书、比赛、旅行、计划或约会等；repeal 为书面用词，指撤销立法机关通过的协议、法案或法律等。之后，通过文本和声音将大量例句输入给学生等。这样学生可以在短时间内获取有效信息，扩大自身的词汇量。

（二）创设情境

高校英语词汇教学的最终目的是交际，但是我国处于汉语的语境学习之中，为了更好地让学生切实地理解并运用词汇，需要结合具体的情景进行教学。创设情境是指教师通过语言、教学设备等工具为学生创设一个真实的，集听、说、看等多种感官于一体的语言环境，让学生真正地接触到真实的英语情景，给学生提供使用英语的机会。这样才能让学生深刻地掌握词汇的含义、用法以及避免忘记，不断地提高词汇的学习效率。

1. 课堂情景

在课堂教学中，教师可使用图片、实物、教具等材料创设一定的课堂情景，让学生有身临其境之感。例如，在教授天气变化词汇时，可以借助多媒体设备进行词汇教学。通过多媒体技术将各种天气变化词汇以多媒体图片、声音或者视频等形式让学生亲身感受不同的天气所对应的单词，这样词汇与情景相结合的教学方法有利于加深学生对词汇的印象，更能充分地理解该词汇的含义。

2. 生活情景

在词汇教学中，教师可以根据学生的生活阅历创设一定的生活情景来更好地进行词汇教学。教师可以用一些辅助教学工具布置各种商店、水果店、书店、文具店、蛋糕店、礼品店等，将所学的词汇用于这些生活情景中，通过使用简单的句式进行词汇练习。通过生活情景的练习，学生在学习词汇时就会注重词汇的实际应用，而不再仅仅以单词的记忆为主。

3. 表演情景

当学生积累一定的词汇之后，为了让学生更深入地理解词汇的应用，教师可以为学生创设一定的词汇表演情景，促使学生将所学词汇以表演的形式呈现出来。常用的表演情景包括对话表演、歌曲表演、话剧表演等。表演情景的词汇教学不仅有利于激发学生词汇学习的兴趣，还有利于增强学生词汇运用的能力。

（三）开展文化教学

文化对英语词汇教学也有着重要的影响，因此在高校英语词汇教学中，教师应采用不同的方法在词汇教学中融入文化内容，以丰富学生的文化知识，并具体提高学生掌握单词的效率，进而提高学生的跨文化交际能力。

1. 直接法

直接法就是在教师进行词汇教学时，根据教材内容有意识地介绍一些文化背景知识以及文化内涵词，这是词汇教学中最常用的一种文化导入方法。为了使学生更加直观、深刻地了解和记忆词汇的文化含义，教师可以借助多媒体手段，使学生对文章的文化背景有一个清晰的了解，从而让学生更好地掌握所学词汇。

2. 文化对比法

中西文化间的差异在词汇上有着显著的体现，因此教师在教授英汉文化中有着明显差异的词汇时，应将词汇教学与文化教学结合起来，通过文化对比让学生深刻地认识英汉词汇文化内涵的异同。例如，在教授 lotus（莲）这一单词时，就可以通过文化对比的方式让学生来掌握这一单词。在汉语文化中，“莲”是“正直、高雅”的象征，而在英语文化中 lotus 却与懒散有关，如 a lotus life（懒散、悠闲和无忧无虑的生活）。词汇教学通常是比较枯燥的，而文化对比教学则能增加词汇教学的生动性，并且在丰富学生文化知识的同时，也能牢固掌握词汇。

3. 语境法

语境是指词、短语、语句或篇章及其前后关系。由于英语词汇的意义多存在于特定的语境中，所以英语词汇课堂教学也要结合一定的语境展开。脱离语境展开的词汇教学，即使学生已经记住了词汇的形式和意义，但也无法真正掌握词汇的用法。因此，在高校英语词汇教学中，教师要深入句子和语篇中，做到词不离句，句不离篇。例如，white 有“白色”“纯洁”“信任”等不同的意思，教师只有将其放在不同的句子或语篇中才能被学生理解。

（四）实施任务型教学

任务型教学法的核心是以学习者为中心，以人为本，注重信息的沟通，活动具有真实性，而且活动量较大。采用任务型教学法进行教学，可有效激发学生的学习兴趣和内部学习动机，真实自然的教学任务能够为学生营造语言运用的氛围，给学生留下深刻的印象，进而能够收到良好的教学效果。

在英语词汇教学中开展任务型教学法，要遵循四项基本原则，即以学生为主体、情景真实、阶梯型任务链、在做中学。此外，采用任务型词汇教学法，关键的一点是设计好符合学生的各项任务，任务要具有可操作性，具有实际意义，能激发学生的兴趣和动机，能够让学生经历一些挑战、竞争，使学生感受到成功的喜悦，体验失败的遗憾，并深入挖掘学生的智慧潜能，使学生成为独立的学习者。具体而言，词汇教学的任务设计包含以下五个阶段。

1. 准备阶段

在正式开展教学之前，教师要做一些准备。教师须根据教学目标导入与上课内容相关的主题，并设置好学生感兴趣的切入点，为下一步任务的实施做好准备。教师可以利用影音设备让学生通过跟读、复读和大声朗读等方式对已提供的生词建立起音、形、义的初步印象和概念。在词汇的口语和视听之间建立起联系，使学生在听到或要说到该词时能够迅速反应。

2. 任务准备

在学生对所提供词汇有一定的了解之后，教师就可以为学生分配和布置任务。须注意的是，任务设计、任务选择、任务执行等必须科学实际，灵活开放，以人为本，为生活服务，注重实践并讲求实效。教师也可以根据教学目标和教学内容等，采用多样化的任务形式，或者将两种或两种以上任务形式相结合。例如，听说结合；情境表演任务；分组讨论；单词串联，故事接龙；自编对话，奇思妙想记单词；表演自编故事；词形联想，找出规律；复述课文，强化记忆；每日几题，巩固词汇；等等。此外，根据任务的不同以及教学效果的考虑，可以将学生分成几组，以增加互动性和竞争性。在这一阶段，教师要明确任务的要求和规则，以便为接下来任务的实施奠定基础。

3. 任务实施

经过上述两个阶段，学生根据头脑中已有的知识体系与教师布置的任务相结合，充分发挥其主观能动性，积极主动地投入思考，通过成员间的交流不断完善旧的知识体系并建立起新的知识系统，真正实现变被动学习为主动学习。在这一阶段，教师的角色发生了改变，由传统的知识传授者变成了任务的组织者和活动的监督者，其主要任务是鼓励和引导学生顺利完成任务，并适时提供帮助。在这一过程中，学生能够切实感受到自己是学习的主人，这对激发学生学习词汇的兴趣意义重大。

4. 任务结束与评价

设置任务的最终目的是更好地激发学生的学习热情，提高学生的学习效率，实现教学目标。因此，在任务结束之后，教师可以组织学生互评、互测，及时发现问题和检验任务效果。针对学生出现的错误，教师要及时指出并更正，要给予有针对性的、以鼓励为主的评价，进而加深学生对词汇的理解和记忆。

5. 教学反思

在采用任务型教学法开展词汇教学时，有以下四点内容应引起教师的重视：

（1）注意调动学生的积极性。教师设计的任务要尽量真实，贴近学生生活，具有实际意义，使学生有话可说，让学生能够积极参与任务。在词汇的教学过程中，游戏是一种激发学生学习主动性的有效方式之一。竞赛游戏更是利用小组成员内部的合作和小组之间的竞争代替了乏味的单词听写，使枯燥的词汇学习增加了更多的趣味性。

（2）应为学生提供及时的帮助。在任务教学中，教师是任务完成的帮助者，教师应在布置完任务后，尽快到学生中间去，帮助他们解决在完成任务过程中遇到的问题。在单词建构阶段，有些学生可能存在发音问题或对要学的单词在书中的用法无法理解，此时教师就应及时提供帮助，以免学生的积极性受到不良影响。

（3）尽量兼顾所有的学生，让每个学生都可以体验成功。在任务型教学中，教师要充分考虑每个学生学习的个体差异，也要最大限度地促进每个学生的充分发展。此外，还要考虑任务的难度，过易，达不到训练学生的目的；过难，容易挫伤学生的积极性和自信心。因此，任务型教学的核心是要求教师根据学生的水平差异，设计不同层次的任务，力求使每个学生都得到有效的发展。

（4）教师要及时总结课堂教学。在课堂教学中，教师要及时对教学情况进行总结，包括对学生成果展示的评价以及对所学单词用法的补充。对学生成果展示的评价要有针对性，要及时纠正学生在完成任务时所犯的错误，善于发现学生的闪光点并及时给予表扬。采用任务型词汇教学，不能单纯靠学生执行任务来完成词汇的学习。教师需要在学生任务结束之后进行补充，并将教学内容加以归纳总结，帮助学生抓住要点难点。

第二节　高校英语语法教学的改革

一、高校英语语法教学的内容

(一) 词法和句法

在任何阶段词法和句法都是语法教学的重要内容。

词法可进一步分为构词法和词类。构词法讨论不同的词缀、词的转化、派生、合成等内容，词类可以进一步分为静态词和动态词。当然，静态词并不是绝对不变的。例如，形容词有比较级和最高级的变化，名词就有格、数、性等的变化。动态词主要包括动词以及直接与动词相关的语态、时态、分词、动名词、不定式、情态动词、助动词、虚拟语气、不定式等。

句法可以分为三大部分，即句子成分、句子分类、标点符号。句子成分是指单词、词组或短语在句子中所起的作用或功能，主要包括以下八大类：主语、谓语、宾语、表语、定语、状语、同位语、独立成分。依据不同的分类标准，可以将句子分为不同的类型。按句子的目的可以分为陈述句、疑问句、祈使句、感叹句；按句子的结构可以分为简单句、复合句和并列句。主句、从句、省略句等也是与句子有关的内容。句法学习的内容还包括标点符号。

此外，词组的分类、功能、不规则动词等也属于句法的学习内容。

(二) 章法

学生在学习了一段时间的词法和句法之后，已经掌握了一定的语法基础，此后就要进行章法的学习。章法的教学内容主要涉及句子之间的逻辑关系、篇章的结构逻辑等。英语语法的内容十分繁杂，常会使学生顾此失彼，这也是学生在语法学习和使用中最困难的地方。据此，语法教学应该有一个核心。整个语法教学的核心是整个语法知识和技巧发展的基点。而从词法和句法上看，动词形态变化和主谓基本结构就是英语语法的一个核心和基点。

上述这一观点主张首先抓住核心问题，然后围绕核心问题不断扩展。例如，首先以动词和谓语之间的天然关系为纽带，然后通过谓语拉动与动词相关的一系列动态词法内容，并逐渐扩展到主语、宾语、定语、状语、表语等句子成分与相对静态的名词、形容词、代词、副词、数词等词类的关系，最后发展到对于章节以及篇章衔接手法等语法手段的运用。

（三）功能

功能指的是语法的语用，也是英语语法教学的重要内容。语法项目，无论单词、短语还是句子，都具有一定的表意功能。不同的句式所具有的表意功能不同，同一种句子也可以具有多种表意功能。语法的功能还表现在句子所传达的言外之意。

总体而言，语法体系不仅涉及不同的词法、句法结构等知识性内容，也涉及功能用法，涵盖内容十分广泛。在具体的高校英语语法教学中，教师应根据教学目标和学生的具体情况，循序渐进地向学生传授语法内容。

二、高校英语语法教学的原则

在高校英语语法课堂教学中，教师应遵循以下六种基本原则，来培养学生的语法能力，保证语法教学效率。

（一）以学生为中心原则

在教学不断发展的同时，学习观也在不断发生变化，学习不再被看成单纯的接受信息的过程，而是学生一起参与的过程。培养学生的英语综合应用能力是英语教学的主要目的，因此高校英语语法教学应从“提供知识”向“展开活动”转变，鼓励学生积极参与，让学生在参与、实践和体验中共同建构语法知识，提高语言能力。换句话说，在高校英语语法教学中，教师应以学生为中心，充分发挥学生的积极性，鼓励学生参加语言活动，尽量将发现、学习和掌握语法规律交给学生自己去完成，从而培养学生的语法学习兴趣。

（二）真实性原则

根据认知心理学的研究，当输入大脑中的信息具有趣味性、实用性并与日常生活相联系，那么人就会产生兴奋的情感，在进行输出活动时思维和行动就会比较活跃。所以，生动、真实的学习情境有助于学生快速接受信息，并能激发学生的思维和积极性，进而建构传递信息的愿望。因此，在高校英语语法教学中，教师应根据教学和学生的需要设计真实的交际任务和互动活动，这样学生可以在言语活动中直接感受语法，对于学生而言，语法不再是一些抽象的规则，而是真实交际生活中的一部分。

（三）系统性原则

英语语法教学一个普遍存在的问题就是系统性不强，对一些相近的概念掌握不清。语法是关于语言知识的系统描写，如果学生所掌握的语法知识不够系统，则不利于他们语法知识的理解和记忆，也不利于他们对语言的灵活运用。因此，在高校英语语法教学中，教师应遵循系统性原则，引导学生及时总结和归纳语法知识，使之成为系统，使学生了解语法间的关系，从而触类旁通，在头脑中形成完整的语法体系和图式。具体来讲，教师要突出阶段性和系统性，一段时间的教学之后，教师就应全面系统地归纳语法知识，建立结构完整的语言体系。而且教师还应注意新旧知识之间、新输入与原有经验之间的关系。教师在语法教学中应适时地归纳已学知识，让学生的新旧知识之间建立起联系，以已有知识作为新知识的“生长点”，去引导学生建构新的知识，进而不断丰富学生的语法知识，培养学生的语法能力。

（四）英汉对比原则

我国学生处在汉语的语言环境下，其语法学习必然会受到汉语的影响。而英汉两种语言的语法之间存在着很大的区别。总体来讲，英语重结构，汉语重语义；英语多长句，汉语多短句。就句子的结构而论，西洋语言是法治的，中国语言是人治的。正因为英语是法治的，所以在结构上只要不出现错误，许多意思可以放在一个长句中表达。然而，汉语则恰好与之相反，汉语语义是通过字词直接表达，不同的意思往往通过不同的短句表达出来。因此，在英语语法教学中，教师应注意英汉语法的区别，并采用对比的方法，培养学生对英汉语法之间差异性的敏感性，以加强汉语对英语语法学习的正迁移作用，从而加强学生对英语语法的学习，提高学生的学习效率。

（五）文化关联原则

语言与文化紧密相关，因此语法与文化也有着密切的联系。在英语词汇教学中，教师应注意文化因素对学生学习的影响，并有意识地联系西方文化，将英语还原至当时的语境中，以便帮助学生理解和记忆语法知识。总之，在英语语法教学中遵循文化关联原则，有助于学生正确使用英语语法，使他们少走弯路，进而有助于提高语法教学的效果。

（六）交际性原则

语言的功能是交际，所以语法知识的学习、语法能力的提高都是为了交际。胡文仲指出，在语法教学中，了解语法概念固然重要，但是只读语法书并不能真正了解语法概念，还必须不断地实践才能清楚语法概念，所以学习语法并不能机械死板地背一些语法的条条框框，还应在实践中不断运用所学的语法知识。对此，在高校英语语法教学中，教师应变传统的语法知识体系为语法应用体系，不仅仅教授学生语法知识，还要将语法学习与语法应用结合起来，培养学生的语言运用和交际能力。

三、信息化时代下高校英语语法教学的方法

在信息化时代背景下，高校英语语法教学应灵活采用多种教学方法来教授学生语法知识，从而提高学生的语法能力，培养学生的英语综合能力。

（一）开展互动式教学

互动式教学以社会互动论、人本主义为基础，又称为“互动教学法”或“互动合作学习法”。互动教学法，不仅可以改变学生被动地接受知识的状态，还能调动学生的学习积极性，提高学生的实际运用能力。该教学法主要有以下三种类型。

1. 师生互动

师生关系在课堂上的具体表现就是师生互动，也就是教师和学生利用目的语进行有意义的交际的活动。教师在互动式教学中作为课堂活动的参与者和设计者，不仅要注重对学生自主性和独立性的培养，还要帮助和引导学生在语言实践中习得语法。

在教学中，师生互动具体体现在“问”与“答”上，尤其在“问”的环节上体现得尤为突出。高质量的问题更能有效促进学生积极的参与意识和激发学生的思维，并通过问答的环节对语法项目理解得更透彻。

2. 生生互动

生生互动就是让学生通过用英语进行交际来完成预设的学习任务。生生互动也是合作学习的一种形式，其可以将枯燥的语法项目置于生动的语言交际活动中，给学生提供更多的语言交际的实践机会，引导和组织学生运用所学的语法知识进行互动的活动，学生入情入境，展示自我。

3. 人机互动

人机交互活动是指在语法教学的过程中借助多媒体教室和网络通信技术的交互功能，建立师生合作和生生合作的机制。多媒体课件在英语语法教学中的应用，可以实现学生和课件之间的互动。除了与教师之间的互动交流外，学生可以更加主动地与课件进行交流。

人机交流在语法教学中的应用可以让学生感受到多维刺激，使语法学习变得不再枯燥无味，有助于提高语法学习的效果和效率，并且为学生自学兴趣和自学习惯的形成和发展提供更广阔的空间。

（二）利用多媒体进行教学

现在，现代化信息技术快速发展，而且普遍应用于英语教学中，并对英语教学产生了重大影响。在语法教学中运用多媒体是指在课堂上利用多媒体计算机演示预先制作好的多媒体教学软件，利用计算机综合处理和控制教学软件中的符号、文字、声音、图像等教学信息，按教学要求和教学进度完成多媒体操作，同时设置学生参与教学活动的教学过程。

多媒体运用于高校英语语法教学，可使学生在不知不觉间将所学的知识转化为能力。其在新课讲授的处理上具有其本身的优势。

将多媒体运用在高校英语语法教学中，可有效打破传统课堂沉闷的氛围，在轻松愉悦的环境下加深学生对语法知识点的记忆和理解。同时，利用多媒体教学可以创设情境、感染学生，增添课堂教学的兴趣和活力，还能培养学生的自主学习能力和创造能力。

（三）实施任务型教学法

任务型教学法融合了交际教学法的理论和研究成果，以任务为中心，注重学生的主体地位，根据学生的不同水平创设不同的任务化活动，让学生在完成任务的过程中调动学生的学习内驱力，锻炼学生发现问题、解决问题的能力，培养学生的合作意识，让学生体验完成任务后的喜悦，发挥学生的潜能。任务型教学法在英语教学中的实施具体包含以下四个步骤。

1. 任务前阶段

这一阶段的主要任务是做准备工作，以便为接下来的活动提供保障。在这一阶段，教师的主要任务是让学生了解任务的主题以及要达到的目标。教师可采用不同的方式引入主题，如展示图片、组织学生讨论等。教师还要提前预测并解决任务中可能出现的问题，如教师可以提供某些词语或词组，让学生听录音或听课文等。这些准备对帮助学生回忆词语，有效完成第二阶段的活动十分有利。例如，教师可以布置巩固一般将来时用法的任务，组织学生以 My Dream 为题目写一篇文章。

2. 任务中阶段

任务中阶段主要包含以下三个环节。

（1）执行任务。教师可以组织学生以结对子或分小组的形式完成任务。在这一环节，学生可运用所学的知识表达思想，内容可以围绕与主题相关的材料进行。教师可给予学生必要的帮助，但不能干预学生的活动或对学生的错误进行纠正。

（2）策划。学生可以草拟或预演下一环节的书面内容或要说的话。教师可就学生的活动情况提供帮助，学生此时也可向学生提问。

（3）报告。教师让学生汇报任务成果，然后对汇报的内容进行点评。

3. 语言点阶段

这一环节具体包含两个方面的教学，即分析和练习，目的是促使学生了解语法规则，并通过练习巩固所学内容。在这里，分析并不是指语法分析，而是教师根据课文设置一些与语言点相关的任务。在本次教学中，教师主要是分析学生在语言运用上是否存在错误或者表达不妥的问题。在练习阶段，教师可根据具体内容组织各种练习活动，如朗读词语、完成句子等，以巩固学生的知识。

4. 进行语篇教学

语法是与人类认知相联系的，并非只是纯形式的条条框框，语法是有意义的，是可以解释的。当学生的认知能力有了一定的发展，能够理解对语法规则的合理解释时，此时就应该注重对学生语法规则的内化以及语言运用能力的提高。语篇教学法突出语言结构在语言实践中的功能和意义，因而能够满足高校英语语法教学的要求。

（1）相关分析

传统的语法教学仅仅是分析单个的词语或句子，很少涉及语篇分析，这样的语法教学仅仅是了解语法的表面结构，不能从句子内部了解句子的意义和语法关系。随着语法教学和语篇研究的不断发展，将语篇研究运用到语法教学中可有力地消除传统语法教学的弊端，从而建立了语篇语法。

语篇语法更能从本质上阐述语法的实质，这样更容易让学生理解和接受语言的生成机制以及语言的无限表现力。因此，教师要注意将语篇语法应用于语法教学中，尽可能地激发学生对语法学习的兴趣。

（2）具体运用

语篇教学法是指语法教学应以语篇为基础，引导学生对语篇进行整体的语法分析，解析语篇中涉及的语言使用情境的目标语结构及其语用目的，帮助学生强化语法形式和结构意识。教师在教授被动语态时就可以使用语篇教学法。

第三节 高校英语听力教学的改革

一、高校英语听力教学的内容

教学内容是英语听力教学的基础，是学生学习的重点，也是教师开展教学的基础。高校英语听力教学的内容主要包含以下四个方面。

（一）听力知识

听力知识包括很多方面，如语音知识、语用知识、策略知识、文化知识等。

语音知识不仅是语音教学的内容，还是听力教学的内容。熟练掌握英语的发音、重读、连读、意群和语调等语音知识有助于提高学生的语音识别能力和对语音的反应能力。因此，教师在听力教学中还要加强对学生的语音训练，如对听音、意群、重读的训练等，以使学生熟悉英语的表达习惯、节奏，适应英语语流，从而为学生的听力奠定基础。

听力材料中常涉及一些有关言谈交际的话题和材料，并且会话含义在交际中是一种普遍的现象，要理解这方面的听力材料，就需要借助相应的语用知识，因此语用知识也是英语听力教学的重要内容。

策略知识有助于学生根据听力材料和听力任务的不同选择合适的听力策略，提高听的效果，所以听力策略也是听力教学的重要内容。

因缺乏相应的文化背景知识，学生的听力活动常会受阻，因此文化知识也应成为英语听力教学的重要内容。

（二）听力技巧

听力技巧是英语听力过程中必须具备的一项内容，因此是听力教学重要的一项内容。具体来说，在听力教学中，教师要向学生传授以下听力技巧。

（1）辨音能力。在听力理解的过程中，学生还需要具备基本的辨音能力。例如，辨别音位、语调、重读音节等。

（2）交际信息辨别能力。听力材料呈现明显的交际性，因为听力材料大多是由交际性语言组成的，因此学生需要掌握基本的交际信息辨别能力，如话题起始语、话题转折语、话题终止语等。

（3）大意理解能力。这项听力技能的教学内容主要是要求学生能够及时抓住交际者的意图等。

（4）对细节的把控能力。听力活动不仅需要学生掌握主旨大意，也需要学生掌握足量的细节信息，这些细节信息是听力理解的基础。所以，对细节的把控能力也是学生应掌握的技能。

（5）推理判断能力。推理判断能力也是学生必备的技能之一，因为听力材料中的交际者是根据一定的目的进行交际的，学生需要依据推理判断能力去揣摩说话人的意图，进而保障听力活动的顺利进行。

（6）词义猜测能力。具备词义猜测能力是一个合格的听者的必要条件，常用的词义猜测方式有根据上下文判断、借助整体语境、搜寻已有信息等。

（7）预测能力。预测能力指的是根据一定的语境信息以及已有知识，来预测下文语言话题的发展与转向。

（8）记笔记的能力。听力活动具有时间短、不可重复的特点，而且学生的记忆能力是有限的，不可能在短时间内记住所有的内容，这就需要学生具备一定的快速记笔记的能力，以辅助记忆更好地完成听力任务。

（三）听力理解

听力理解也是高校英语听力教学的重要内容之一。培养学生的听力理解能力实际上就是培养学生对句子和语篇的理解能力，使学生的理解由“字面”到“隐含”再到“应用”。听力理解是一个循序渐进的过程，必须要经历四个环节，即辨认、分析、重组、评价与应用，通过这一过程，学生的听力能力才能逐步提高。

（1）辨认主要涉及语音辨认、信息辨认、符号辨认几个方面。教师可以通过正误辨认、匹配、勾画等具体方式训练和检验学生的辨别能力。

（2）分析要求学生具备对听到的信息进行分析并转化到图、表中的能力。分析要求学生可以在语流中辨别出短语或句型，对谈话内容有大致的理解。

（3）重组要求学生用自己的语言将获得的信息重新组合，通过口头或书写方式表达出来。

（4）评价与应用要求学生在前面三个阶段获得信息、理解信息、转述信息的基础上，能运用自己的语言评价、应用所获得的信息。

（四）语感

英语语言学习讲究良好的语感，也就是对英语的直接感知能力。良好的语感有助于学生即使在语法有所欠缺的条件下依然能够快速而正确地做出判断，所以高校英语听力教学中也应有意识地培养学生的语感。

二、高校英语听力教学的原则

高校英语听力教学的开展应遵循一定的原则，这样才能使教学更加有效。具体而言，高校英语听力教学应该遵循以下四项原则。

（一）激发兴趣原则

兴趣对于学习的重要性是不言而喻的，它是确保学生听力学习高效进行的基础。不可否认的是，我国学生的听力水平普遍较低，这与听力教学枯燥乏味、学生缺乏学习兴趣有很大的关系。对此，在开展英语听力教学之前，教师应对学生的兴趣所在有所了解，即了解学生喜欢什么样的听力材料，喜欢什么样的听力活动等，并据此采用相应的教学方法来激发学生的学习兴趣，进而有效地培养学生的听力能力。

（二）选材真实原则

英语听力课堂教学的目的不是让学生应付听力考试，而是培养学生的听力能力，使学生能够有效地进行跨文化交际，能够在真实的情境中运用语言，因此听力材料的选择要有真实性。例如，教师可以选取一段完整的广播节目或者选取一段英语电影片段等让学生听，这种真实的听力材料能让学生接触和感受地道的英语表达，领悟英语语言与文化特点，培养英语语感，进而提高英语听力水平。此外，听力材料的选择应注意难度适宜，既不能太简单，也不能太难。如果听力材料过于简单，会使学生产生轻视心理，不利于学生听力水平的提高；如果所选择的材料过难，则会给学生带来心理负担。

（三）分析性的听与综合性的听相结合原则

分析性的听是指在听力进行时，使学生将注意力集中在对材料中的细节部分的理解和记忆上。在听的过程中注重细节分析，逐词逐句地将所听到的内容进行分析，这是听力教学的基础训练。而综合性的听是指在听的过程将重点放在材料整体的把握上，也就是在听力基本训练基础上所进行的整体的听的练习。综合性的听主要是对材料内容有个整体印象和理解，这种方法主要针对的是听力题中对材料主旨的理解、对整体思想的分析等。在听力训练中的听力题既包括材料的整体理解，又包括细节分析，对此，在听力教学中教师应将分析性的听与综合性的听结合起来，以有效提高学生的细节分析能力和整体理解能力。

（四）听、说、读、写相结合原则

听、说、读、写这四项基本技能是相辅相成、相互促进的关系。因此，在英语听力教学中，应将这四项基本技能结合起来进行教学。

听与说不可分割，在交际过程中，一个人听的过程，实际上就是另一个人说的过程，所以在教学中可将听与说结合起来进行训练。例如，利用听力材料中的语言来完成口语任务，可以有效地培养学生的口语交际能力；而朗读、模仿使用和复述听力材料，并背诵一些优秀的文化，可有效积累语言素材，还能培养良好的语感，良好的语感又能进一步提高记忆和听力理解能力。此外，根据所听材料进行角色扮演、展开情景对话等都是以说促听的有效方法。

将听与读结合起来进行教学，不仅能增强学生的语感，还有助于学生将单词的音、形、义三者统一起来，有效地减少判断误差的发生，对于学生听力的培养有积极显著的促进作用。此外，经常采用边听边读的方式，还能加深对文章的理解，提高对语言的反应速度，不再习惯性地采用汉语的思维来理解英语。

听与写相结合的最佳形式就是听写练习，如将对话改写成短文等。听与写结合不仅能促进学生语言能力的培养，还能提高学生的分析、理解和归纳能力，这对提高学生的语言敏感性和提高学生的听力水平十分有利。

三、信息化时代下高校英语听力教学的方法

高校英语听力教学中，教师应根据学生和教学实际情况创新教学方法，以提高学生的英语听力水平，培养学生的自主学习能力，提高英语听力教学的效果。具体而言，在信息化背景下，高校英语教师可采用以下方法开展教学。

（一）高校英语听力的多媒体教学法

多媒体设备将语言、画面、声音三种媒介结合到一起，是当前十分普及的一种教学设备。学生在使用过程中可以真实地看到画面，听到地道的语言，可谓视觉与听觉的完美结合。多媒体教学法为学生创设了真实的外语学习环境，让他们在学习过程中能够轻松自如地学习。因此，教师展开英语听力教学时可对多媒体进行充分利用。

在英语听力教学中主要涉及以下三种形式。

1. 展开板块学习方式

为适应学生的不同听力练习需求，慕课教学将听力学习切分为多个板块，如询问咨询

听力学习板块、基本家常用语板块、专业英语学习板块等。为满足不同专业学生的需求，专业英语学习板块还可进一步切分为旅游专业英语听力训练板块、计算机专业英语听力训练板块、企业管理英语听力板块等。这样的方式可大大提升听力训练的针对性与实效性。

2. 为学生的听力练习提供平台

慕课教学背景使海量资源能够以共享方式提供给学生，学生只需登录就可以进行听力学习。需要特别说明的是，慕课平台的资源具有多元化、及时性的特点，学生在提高听力能力的同时，还可开阔眼界、丰富知识、拓宽思维。

3. 仿真对话教学

慕课视频教学由国外的交流者或者专业的英语教师进行英语听力对话训练，教师对此提出问题，并给学生留出思考时间，这就可以有效增强学生对听力仿真训练模式的直观感受，并在由提问者与回答者构成的模拟现实情境中完成对话练习，提升听力学习效果。

（二）高校英语听力的体裁教学法

近年来，越来越多的教师和学者开始关注体裁教学策略，并将其应用到高校英语听力教学中。具体来说，体裁教学策略在高校英语听力教学中的运用主要分为四个步骤：体裁分析、小组讨论、独立分析以及模仿使用。

1. 体裁分析

采用体裁教学法开展教学，首先要对听力材料进行体裁分析，包括语言方面的分析和文化方面的分析。语言方面的分析包括分析体裁的图式结构，目的是让学生对某类文章的要点以及开展方式有所了解。文化方面的分析是指对听力材料的文化背景知识进行分析，包括听力材料的社会历史、风俗习惯等背景知识，以便学生对背景知识以及文化差异有所了解。

2. 小组讨论

在本环节中，教师可将学生分为若干小组，播放同一题材的材料，然后让学生在小组中讨论这些材料的结构、语言特点等。其主要目的在于增加学生的参与程度，学生只有参与活动，才能积极主动地进行思考、学习，从而对语篇形成一个深入的理解。

3. 独立分析

当学生对语篇体裁有所了解之后，教师可开展独立分析活动，即向学生播放某一体裁的典型范文，让学生模仿教师在体裁分析中所用的方法对这一范文进行分析，即从语言和文化两个方面进行分析。独立分析打破了教师垄断课堂的局面，学生具有自主和独立思考的机会。

4. 模仿使用

学生通过自主分析掌握了材料的体裁特征后，教师可根据交际目的，选择社会公认的模式，让学生使用英语进行有效的交际，使学生在实际运用中牢牢掌握所学体裁特征，学以致用。

(三) 任务型教学法

教师可采用任务型教学法开展听力教学。任务型听力教学是让学生通过完成真实的听力任务来培养学生的听力理解能力，在完成任务的过程中，可充分发挥学生的认知能力，使学生在积极参与、互动、合作的活动中发展自己的听力能力，同时培养自身的自主学习能力、合作意义和探索精神。任务型听力教学强调学习任务的真实性，具体包含以下三个阶段。

1. 听前任务阶段

听前任务阶段的主要任务是作准备，在这一阶段教师要帮助学生激活已有的与听力材料相关的各种知识，并根据听力材料的内容适当地给学生补充背景知识，同时激发学生的学习动机。背景知识具体包含两方面内容：一是文化背景知识，二是形式背景知识。前者指的是对不同国家社会与文化的了解，后者指的是对文章文体、类型、组织结构等语言知识的了解。在听前帮助学生回忆已有知识，减低了学生听力理解的难度，使学生将旧的知识和新的知识结合在一起，使学生在完成任务的过程中获得成就感。

2. 听时任务阶段

听时任务阶段也就是听力实践阶段，主要是训练学生在适应语音、语速、语调的基础上，获悉文章大意、捕捉文章主要信息的能力，保证学生听的有效性。在这一阶段，教师可以设计一些具体任务。例如，教师可以设计一些细节问题，让学生重复听录音之后口头回答；或是一些文章中没有具体答案的问题，这样的问题有助于学生通过听前的图式建构和听中的信息获取积累背景知识，从而在讨论中有话可说。此外，教师也可以设计一些其他形式的口语练习，调动学生参与的积极性。

3. 听后任务阶段

听后任务阶段是结合学生听力任务展示所反映的问题进行词汇、语法以及听力策略的专项训练。听后活动的主要任务不是仅仅检查答案，而应该查找学生存在的问题，针对问题进行相关指导。此外，由于听力材料一般都会包含一些运用语言的良好例证，如建议、邀请、拒绝、道歉等。在听力实践后，教师可以让学生回忆这些表达方法，学习使用它们。

（四）文化教学法

听力与文化有着密切的关系，而且深受文化的影响，所以在高校英语听力课堂教学中教师应有意识地向学生灌输文化知识，将语言教学与文化教学相融合，提高学生的文化意识，培养学生的听力能力和跨文化交际能力。具体来讲，教师可依据具体的教学目标和原则，合理采用以下五种教学方法开展听力教学。

1. 通过词汇导入

词汇是语言的基本要素，并且蕴含着风格的文化内涵，所以要了解西方文化，首先要从词汇开始。而且，掌握大量的词汇也是保证听力顺利进行的基础，因为如果连基本的词汇都不知道，那么听力也不可能往下进行了。下面以“龙”（dragon）为例来进行说明。在中国，“龙”是民族精神的象征，是中华民族的标志，代表着吉祥和权力，并且享有极高的地位。但是在西方国家，dragon 则是一只长着翅膀、身上有鳞、拖着长尾、口中喷火的大蜥蜴，代表着罪恶。很明显，虽然“龙”与 dragon 字面意思相同，但内涵意义却相差甚远。所以，要想提高学生的听力水平，首先要从词汇抓起，在扩大学生词汇量的同时，也要加深学生对词汇内涵的了解，丰富学生的文化知识。

2. 通过习语导入

习语是人类智慧的结晶，是语言的精华，蕴含着丰富的文化含义。在日常交际过程中，西方人经常会用到各种习语，如果不了解习语的文化含义，就很难理解话语的含义。例如，“I’d like Scotch on the rocks”，如果不了解其内涵，很容易按字面意思将其理解为“我喜欢在岩石上的苏格兰人”。实际上，on the rocks 是一个成语，其含义是“触到暗礁，有灾祸”，其引申义为“穷困、破产”。例如：

Could you lend me fifty dollars?

你能借给我 50 美元吗？

I’m sorry that I’m on the rocks myself at the moment.

对不起，目前我本人也穷得要命。

而“I’d like Scotch on the rocks”是美语的一种特殊用法，其含义是：我要威士忌加冰，不要掺水。

所以，在教学过程中，教师可以有意识地向学生输入一些英语习语，以充实学生的文化知识，为学生的听力奠定基础。

3. 通过习俗导入

话语交际的涉及面非常广，会涉及生活的各个方面，所以在培养学生听力能力的过程中，除了要学生掌握基本的语言知识、交际功能、习语文化，还要了解一些基本的习俗文化，如打招呼、称呼、感谢、赞扬、谦虚等，了解并掌握了这些对听力能力的提高具有重要的作用。在具体的教学过程中，教师可以设计情境对话，或者让学生进行角色扮演，以使学生真正置身于英语环境中，让他们感受英汉文化之间的差异，听取地道的英语表达，进而提高他们的英语听力能力。

4. 通过网络多媒体导入

随着科学技术的快速发展，教学手段逐渐高科技化，多媒体网络设备已普遍运用于高校英语教学。多媒体将图像与声音结合在一起，具有形象、生动、直观的特点，能够为学生营造一个生动逼真的学习环境，对于调动学生的积极性、活跃学生思维具有重要意义，而且能更加有效地传递信息。因此，在听力课堂教学中，教师应通过多媒体网络设备向学生输入英语文化知识，如教师可以利用媒体设备，如电影、电视、幻灯片等引导学生广泛进行听力练习。此外，网络资源非常丰富，而且具有不受时间和空间限制的特点，教师可以引导学生通过网络接触到更多的、地道的听力资源，这不仅能有效地提高学生的听力水平，也能激发学生的学习兴趣，培养学生的自主学习能力。

5. 通过课外活动导入

在我国，课堂教学是培养学生听力技能、教授学生文化知识的主要场所，但毕竟课堂时间是有限的，学生很难在有限的时间里学习全面的文化知识、掌握扎实的听力能力。因此，课外活动就成了学生学习听力知识、补充文化内容、培养听力能力的重要方式。课外活动可以丰富学生的课余生活，更能提高学生的人文修养。具体而言，可通过以下方式来丰富学生的文化知识，提高学生的听力能力：

（1）教师可引导和鼓励学生在课外多阅读一些英文书籍或报刊，以使学生在阅读的过程中感受和了解英语国家的文化风俗。具体地，教师可以为学生列出一些书单，这些书单要反映西方的文化，进而要求学生在课后完成阅读，并书写读书笔记。

（2）教师可有针对性地开展一些选修课与讲座，向学生系统地介绍一些西方文化，同时兼顾听力能力的训练，使学生的听力学习与文化导入相结合。

第五章　信息化时代下高校英语阅读与写作教学的改革

第一节　高校英语阅读教学的改革

一、高校英语阅读教学的内容

高校英语阅读教学的任务是培养学生的各种阅读技能，通常包含以下内容：

(1) 辨认单词。

(2) 猜测陌生词语。

(3) 理解句子之间的关系。

(4) 理解句子及言语的交际意义。

(5) 辨认语篇指示词语。

(6) 通过衔接词理解文字各部分之间的意义关系。

(7) 从支撑细节中理解主题。

(8) 将信息图表化。

(9) 确定文章语篇的主要观点或主要信息。

(10) 总结文章的主要信息。

(11) 培养基本的推理技巧。

(12) 培养跳读技巧。

二、高校英语阅读教学的原则

(一) 层层设问原则

提问是课堂教学的必然环节。需要指出的是，提问也应讲究一定的原则和策略，不能盲目发问，否则就会影响提问的初衷。层层设问原则要求教师提出的问题必须具有一定的层次性，即问题应由易到难、由浅入深，使学生通过回答简单的问题获得自信，在回答较难的问题时更愿意开动脑筋、积极思考，挑战自我，获得成功。如此一来，学生便可在教师的引导下逐步提高阅读理解的能力。

（二）因材施教原则

在教学过程中遵循因材施教原则，是指教师要根据学生的个体差异，采用不同的教学方式，力争使每位学生都能相应地发展阅读技能。例如，有些学生基础较好，有着浓厚的学习兴趣，基本的阅读根本不能满足他们的阅读欲望，针对这样的学生，为满足其阅读欲望，教师可布置一些具有挑战性的阅读任务，或向其推荐一些名著等。而有的学生阅读基础较差，由于自己较差的成绩而失去信心，自暴自弃，对于这样的学生，教师应在教学过程中不断鼓励和表扬他们，以使他们重新建立信心，同时给他们布置一些难度较小的阅读任务，然后逐步增加难度，使他们不断进步。总而言之，教师要关注每位学生的特点，并根据学生的特点采用不同的教学手段，以显著提高教学效果。

（三）流畅与准确并举原则

在英语阅读教学中有一种普遍的现象，有的学生明明具备完善的英语知识系统和技能，然而在阅读的流畅度方面却表现得不尽如人意。这是因为他们过于注重阅读的准确度，却忽视了阅读的流畅度。准确度和流畅度是阅读教学中较为鲜明的矛盾，然而教师一定要找到解决这对矛盾的对策，才能达成教学目标。

高校英语教师要在准确度和流畅度二者之间找到一个平衡点，帮助学生在这两方面有着同样的提升。实际上，提高学生的阅读速度，其目的就在于提高其阅读的流畅度。在阅读中，教师要指导学生有意识地摆脱词汇识别目标的束缚，从而将大部分的精力放在阅读材料的内容和意义上。另外，“反复阅读”是提高阅读速度的有效途径。教师指导学生通过反复阅读一篇文章，就会惊喜地发现学生阅读的准确度和流畅度都在不断提升。并且，对于同样一篇阅读材料，快速读两遍比慢读一遍容易取得更好的效果。

（四）培养学生语篇结构意识原则

在高校英语阅读教学中，教师要注意给学生讲授不同文体的不同组织形式，也就是文体的结构与语篇的组织形式。不同的文章，其结构形式存在很大的差异。以说明文为例，学生首先要认识到说明文用以解说事物、阐明事理，通过揭示概念来对事物的特征、本质以及规律性进行说明，给人提供各类科学知识。对说明文的概念特征了解之后，在阅读中就要对事物的解说、事理的阐明给以特别的关注，从许多重要的概念中形成被说明事物的总体印象，接着再利用次要的概念对这一印象进行补充，使事物在脑海中的形象更为具体和丰富。这样，就是从语篇角度出发，强调段落结构，从整体上对文章进行把握，便于获取总体信息。

三、信息化时代下高校英语阅读教学的方法

（一）提问教学法

在使用提问法时，教师应以阅读材料和教学目标为依据，通过灵活的提问方式将整体教学策略细化到段落和章节中。需要注意的是，提问时应把握好问题的频率和难度，不能一上来就提问很难的问题，也不能频繁提问。

一般来说，提问包括以下五种类型：

（1）需要表层理解的问题，即提问能够在材料中直接找到答案的问题。

（2）需要深层理解的问题，即要求学生能够以另一种形式对材料中的信息进行组织或解释。

（3）需要评价性理解的问题，即要求学生根据材料内容做出正确判断。

（4）需要推理性理解的问题，即要求学生通过对材料隐含意思的认真思考而做出正确的推理。

（5）需要个人理解的问题，即提问学生自己对于材料内容的理解和反应。

（二）批判性阅读法

批判性阅读法强调对学生批判性思维能力的培养。它鼓励学生在阅读过程中用批判性的思维提出问题，寻找各种假设，并在此基础上进行分析综合，对作者所传达的要点有明确的认识。具体来说，批判性阅读教学法可分为以下四个步骤。

1. 读前讨论

读前讨论的环节也是质疑与设疑的过程。在阅读文本之前，教师应有意识地引导学生根据教学内容标题、信息词、关键词等有限的信息对阅读的内容进行预测，并在其知识储备中对主题有关的信息点进行快速搜索，对先前与该主题有关的经验进行盘点，然后对这些相关信息进行认知整理、归纳设疑。

但是，值得注意的是，阅读前的设疑不应过于复杂，应将时间控制在 5~8 分钟。提

问的方式也最好采取派对式、师生问答式以及自言自语式等。典型的提问有以下几种：

Why does the writer choose this topic?

What will the writer try to make his/her readers believe about the topic?

阅读前，设置这些讨论式设疑或预测活动对激活学生的已有知识非常有帮助，并且还能很好地激发学生探求未知的愿望、兴趣等。

2. 读中任务

阅读过程也是分析与解惑的过程。具体来说，在阅读阶段，教师应适当地引导学生带着这些所预测的疑惑与期待通读全文并了解文章大意，确定文章的论题和结论，并运用海绵式的方式来寻找结论线索，采取淘金式的思维方式对作者的观点进行解读。

此外，在阅读过程中，教师还应鼓励学生借助上下文的线索以及自己已有的相关图式来猜测和推断文章中不熟悉的词汇、句意。并对存有疑问的部分进行深入分析和自我解惑。对于阅读材料中的一些无法理解或不能接受的观点提出疑问。教师可以将这些问题写在黑板上组织学生进行讨论。在具体的讨论过程中，具体应采取哪种形式应根据所提问题的多寡以及复杂程度来定。例如，可采取全班集体讨论、四人小组或两人派对等形式。

在运用批判性阅读教学法进行教学时，教师引导学生进行发现、提出、分析、解答问题，都应围绕着培养学生的批判性思维这一目标来实现。在这一阶段，可以围绕以下几个典型的问题进行提问：

What conclusion does the writer put forward basing on the theme?

Does the description/report reflect the real world?

What is the theme I am going to read?

3. 读后练习

读后练习既是总结与写作过程，也是学生对知识巩固和发展的过程。由于阅读课上的讨论往往会受到时间的限制，要想将阅读过程中遇到的所有问题都讨论透彻不太可能，因而这就需要学生在课后针对一些感兴趣的问题进行独立、深入的思考。这一阶段的总结和写作是将批判性思维加以内化的非常有效的手段。教师还可以借助于布置家庭作业的方式使批判性阅读在课堂之外得到很好的延伸。

此时进行写作可以根据实际情况变换写作体裁，如采取写小评论、读后感、小报道以及阅读日志等形式。在进行总结和写作时，可以围绕以下几个典型的问题进行提问：

Were I the writer，what viewpoint would I bring to my readers?

What does the writer try to make us believe?

Is there anything important left untouched but needed to?

4. 整体回归

传统的阅读教学环节最多包含上述三个，但批判性阅读教学还十分重视阅读结束后的整体回归，即批判与反思环节。因为要想检验阅读过程中是否真正获取了信息、在理解深度和认识角度上是否到位，思考问题以及思想表达是否正确，就需要借助评价和反馈来实现。从这一意义上来看，写作并不是阅读的结束，而恰恰是回归的过程。批判性阅读教学法的最后一个步骤就是整体回归，也就是批判和反思。在整体回归阶段，教师可以围绕以下几个典型的问题进行提问：

Why should I miss the most important information?

Why couldn´t I question the writer´s viewpoint as…of the other students did?

（三）英语阅读的技巧教学法

学生在阅读过程中难免会遇到各种问题，只有灵活采用各种阅读技巧才能保证阅读活动的顺利进行。因此，教师在阅读教学过程中应注意向学生传授各种阅读技巧，具体来说主要涉及阅读前的准备技巧、阅读中的技巧以及阅读后的技巧。

1. 阅读前的技巧

（1）语法以旧引新

语法知识对学生阅读具有重要的影响作用，只有语法知识掌握得扎实了，学生在阅读过程中才会通畅顺利，从而准确理解文意。一般来说，课文中的语法知识一般会同时出现在几个单元中，据此教师可以不断地、重复地提及重复出现或之前已经学过的语法，以帮助学生巩固知识、增强记忆。需要注意的一点是，由于学习难度的自然规律，即难度是渐进不断增强的，因此教师可以通过旧的语法知识，引出新的语法知识，同时在学习新语法知识的时候也复习旧的语法知识。

（2）了解文化背景

学生在阅读文章时不仅是学习里面的语言知识，也是对文章涉及时代文化知识的了解和学习，这种学习从某种程度上来说比学习语言知识本身更加重要，因为学生只有充分了解文化背景，才能真正顺利有效地实现沟通。因此，教师在阅读教学前，应向学生介绍一些与文章相关的社会文化背景知识，这不仅能使学生更好地了解阅读的内容，还能使学生学习到异域文化知识，激发其阅读兴趣。例如，在教授与Easter有关的课文时，教师就有必要在课前准备一些相关的资料介绍展示给学生，并与学生进行相关的讨论，以唤起学生已有的知识和生活经验，激发学生的兴趣，并提问："What do you know about Halloween?"让学生交流观后感，得出一个大致的结论："It's an autumn festival."然后再进入课文，一步步地解决问题，这样课文也就很容易理解了。

（3）预测情节

预测情节对阅读的顺利完成也有重要帮助，具体来说预测文章情节不仅可以巩固学生对已有知识的掌握，还可以培养学生的逻辑推理能力，为学生准确把握文章的主旨大意提供有力帮助。教师可以在课前让学生根据题目或一些关键词，大胆想象，合理预测，从而激发学生的好奇心，调动学生阅读的积极性。

2. 阅读中的技巧

阅读中的教学是整个阅读教学中最重要的环节，学生在阅读过程中会用到一些阅读策略，教师应该及时向学生传授这些策略，以便提高学生的阅读速度。具体来说，学生在阅读中用到的技巧主要包括以下。

（1）略读

略读的目的主要是通过对文章大致内容的阅读尽快了解文章的大意。通常来说，略读只需选读每段的首、尾句，有时只要指出段落的主题句，抓住阐述主题的主要事实或细节即可。

（2）扫读

扫读不要求学生仔细阅读整篇文章，只需从上至下迅速搜索所需内容即可。这种寻找文章中的特定信息或特定词组的方法，可以有效提高阅读的速度和效率。在扫读过程中，学生可以忽略那些与题目无关的信息，积极寻找那些与题目要求相关的信息。

（3）跳读

跳读可以帮助我们快速进行语言信息的比较、筛选，而且对语言敏感度以及信息捕捉能力也有很好的促进作用。跳读多用于阅读目的比较明确时，学生只需要针对阅读目的在正文中进行相应的查找和阅读即可，其他信息可以跳过不看。例如，如果想知道在什么地点发生了何事，学生可以格外关注文章中关于方位和事情经过的内容。又如，学生在做阅读理解题时，可以根据问题提供的线索，再回到文中去，明确到哪里去寻找所需的相关信息。

（4）信息转换

为了把文章中的信息保留在记忆中，可以进行信息转换，从而加深印象。在阅读教学中常使用的转换方式有以下一些方式：表格，地图，图画，树形图，循环图，流程图，条形统计图，添加小标题，圆形分格统计图表。

（5）寻找主题句

理解文章的关键是确定文章的主题思想，而要想确定主题思想，首先要确定主题句。主题句往往是文章大意的概括，句子结构较为简单。主题句的位置非常灵活，一般有三种情况：位于段落开头、位于段落中间、位于段落结尾。

英语的表达习惯一般先给出观点和想法然后再对观点进行具体阐述。因此，主题句一般位于段首。主题句有时也会位于段落的中间，此时段首的句子一般是对主题的铺垫，而主题句之后的段落则是对主题的进一步阐述。有时候，主题句也会位于段尾，文章的开头部分是作者对细节问题的描写，并逐层概括出文章的主题。但是在某些文章中，尤其是多段文章中，无论是段首、段尾还是段中，我们很难找到明显的主题句，实际上这类文章的主题句是融入了段落之中的，需要学生仔细捕捉文章细节，概括文章大意。

（6）推理判断

阅读少不了推理判断活动，因为不是所有所需信息都是能从文章字面上看出来的。可见，推理判断对学生的要求较高，它是一种深层阅读要求，学生应以理解全文为基础，以各个信息为出发点，对文章逐层进行分析，最后准确地推断总结出文章的中心思想。推理判断主要有直接推理判断和间接推理判断两种。直接推理判断相对简单，它要求学生大致了解文章的意思，并根据所提供的信息合理地推断文章的结论。间接推理判断则比较复杂，学生要自己观察、推理，根据文章的深层内涵推测作者的态度和文章的主题等。

3. 阅读后的技巧

在英语阅读教学中，阅读后的阶段也是一个重要环节。很多教师在阅读的时候认为阅读教学已经结束，对阅读后的教学没有给予足够的重视，这是不可取的。实际上，阅读后的环节也是对知识的巩固过程，教师应及时设计一些与课文内容有关的活动，为学生提供能充分发挥其创造力和想象力的机会，让他们自如地表达读后的感受。概括来说，阅读后的教学方法主要有以下四种：

（1）复述，其前提是学生对阅读材料有了一个大致的了解，并清除了生词障碍。教师可以让学生根据图片和关键词来复述阅读材料的大致内容。

（2）转述，其针对的主要是对话性质的语篇。教师可以引导学生使用第三人称将对话性的语篇转述为描述性的语篇。

（3）填空，其是指学生在阅读完某篇文章之后，教师将文章的大体内容写出来，并在关键信息或细节部分留出空白让学生填补。学生在填写这些内容时，既可以巩固阅读的内容又可以提高自己的语言组织能力。需要注意的是，教师要保证所留空的答案是可以用不同词和短语来填写的，进而有效地提高学生的知识运用能力。

（4）写作，这里的写作是指阅读材料的续写和仿写，因此对学生水平要求较高。具体做法是，教师可让学生根据课文内容写文章的摘要，如果课文是叙述性的文章，教师可以安排学生续写文章，以培养学生的发散思维，提升学生的想象力。

（四）交互式任务教学法

交互式任务教学法是指英语阅读教学中通过让学生完成一项具有挑战性的任务来增加师生、生生以及学生和阅读材料之间的互动，从而调动学生参与的积极性，促使学生积极思考，交流意见，扩展思维，在提高学生学习兴趣的同时，加深对语篇材料的深入理解，从而产生一种成就感和满足感，最终提高学生的阅读能力。

交互式任务型阅读教学模式主要从教和学两个方面着手。从教这一角度来看，教学方法与教学内容是教师应考虑的方面；从学这一角度出发，如何满足学生的情感需求和提高学生的学习兴趣是教师应考虑的内容。

1. 教学方法

（1）任务的设定

在实施这一教学方法时，首先要设定任务。教师在设计课堂教学以及课堂教学的具体任务时，必须考虑到以下因素：考虑学生的实际情况，从学生的实际情况出发；考虑情境的真实性；考虑学生的学习兴趣；考虑任务的难易程度；考虑因材施教。

（2）策略的选择

在这一过程中，教师要引导学生针对不同的阅读目的，要采用不同的阅读策略，要灵活采用分析、归纳、推理、判断等思维方式以达到最佳的阅读效果。如要把握细节信息时，应采用寻读策略；如要寻找问题的具体答案时，就可采用定位策略；如要了解文章大意，即可采用略读策略。

（3）教学手段的选择

对于教学手段的选择，教师在教学过程中可综合运用传统的和现代化多媒体网络教学手段，以提高学生的学习兴趣，同时还可以结合课堂讲解和学生的自主学习，增添教学的趣味性。

2. 教学内容

教学内容主要是指阅读材料的选择。目前学生课堂上使用的阅读材料能够反映当代社会生活内容的很少，很难做到与时代同步，这就使得阅读内容相对滞后。这就很难激发学生的阅读兴趣和阅读动机，长此以往学生的阅读能力不但不能提升，还会逐渐下降。因此，这就需要教师在让学生学习课本阅读材料的同时，补充能够反映当代社会生活的丰富语言材料，如广告、新闻报道、网络信息等，以保持教学内容的充实性。

3. 情感需求与学习兴趣

情感需求对于阅读教学而言是非常重要而关键的，因为当学生的情感需求得到满足时，就会产生一种成就感，进而就会产生学习的动机和兴趣。著名的捷克教育家夸美纽斯认为，激发学生兴趣是创造一种欢乐和光明的教学环境的重要途径之一，也是教学得以成功的重要条件，一旦激发了学生的学习兴趣，就能唤起他们的探索精神和求知欲望。因此，在阅读教学中，教师要根据教学和学生的实际情况，采用各种方法，激发学生的智力与非智力因素，使学生呈现出最佳的活动状态。

（五）合作阅读法

合作阅读是在应用心理学交际理论、层次理论、图式理论的基础上，通过合作的方式帮助学生扩充词汇、培养阅读技巧的一种有效的教学方法。这种教学方法尤其适用于水平参差不齐的班级，通过这种教学方法，学生的词汇量不仅会得到大幅度的增加，阅读理解能力以及合作意识也有很大的提升。合作阅读法的具体实施步骤如下。

1. 读前准备

进行读前准备主要是为了激活学生头脑中的相关图式，以完成以下三项任务：①预测阅读材料的主题与内容；②激活与阅读内容相关的背景知识；③在尽量短的时间内了解与阅读材料相关的信息。充分的读前准备有助于激发学生的阅读兴趣，加深学生对阅读材料的理解程度。

2. 细节阅读

读前准备完成之后，就要进行细节阅读了。细节阅读要求学生认真阅读材料，并把握材料中各部分的信息。经过细节阅读，学生可以对自己的阅读理解程度有所认识，如哪些内容自己可以理解，哪些不能理解。

3. 大意理解

大意理解这一环节要求学生对材料的掌握要做到以下两点：

（1）找出全文的六大要素：时间、地点、人物、起因、经过、结果。

（2）能用自己的语言叙述阅读材料内容，内容要包含以上六个要素。

在这一环节中，教师可先向学生提出一些问题，让学生带着问题去阅读。在阅读之后，可以将学生分成人数相同的若干小组进行讨论，交流观点后归纳出最终答案。讨论结束后，教师可以抽查小组讨论的情况，请某个小组陈述本组的观点，这样不仅可以增进师生之间的交流，还能激发学生的积极参与性。

4. 巩固理解

巩固理解这一环节主要是加深学生对材料的理解程度，同时扩大学生的知识面。在这一环节中，教师可让学生根据阅读材料进行提问。因学生一直都处于被提问的地位，并不擅长提问，提出的问题可能会脱离重点，为避免发生这种情况，使学生提出切实有用的问题，教师可先提出几个问题给学生做示范，使学生了解各种问题的提问方法以及问题与阅读材料之间的关系。

5. 合作学习

到这一阶段，学生对阅读材料以及阅读的策略有一定的了解和掌握，此时就可以开展合作学习活动了。具体做法是，教师对学生进行分组，每个小组成员都扮演一定的角色。角色分工如下：

（1）组长。组长在活动中的主要任务是确定合作阅读的具体任务，组织和保障合作阅读活动有效开展。

（2）问题专员。问题专员在活动中的主要任务是在学生猜测词义时用问题卡片提示操作步骤。

（3）激励员。激励员在活动中的主要任务是激发组员的积极参与性，评估每个组员的参与程度，为小组下一步活动提供建议。

（4）监控员。监控员在活动中的主要任务是监督组员的参与情况，并维持组内的秩序。

（5）发言人。发言人在活动中的主要任务是作为本组代表宣布讨论结果。

（6）计时员。计时员在活动中的主要任务是掌控合作阅读各阶段的时间。

通过小组合作学习，学生可以在轻松愉悦的心理状态下学习和交流，而且通过实践能更深入地了解和认识文本，进而提高听、说、读的综合能力，以及辩证思维和创新的能力。

（六）语篇教学法

图式理论认为，当学生对某一体裁、题材的语篇材料有所了解，就会对其可能涉及的内容、遣词造句、框架结构有一个整体的认知，下次再遇到这类阅读材料时，就能将脑海中对应的图式调出来以辅助阅读理解。因此，高校英语阅读教学可以从整体入手，然后到局部，最后再回归到整体，这就是语篇教学方法。

1. 分析语篇体裁

对特定的语篇体裁有所了解，有助于对文章内容进行合理快速的预测。从某种意义上来看，篇章结构的语篇分析是语篇教学的重点，因为这样不仅可以培养学生的阅读理解能力，而且还可以提高学生的语言综合运用能力。

在英语阅读教学中，阅读材料的体裁是多种多样的，但归纳起来，英语阅读材料多以记叙文和说明文为主。以记叙文为例，在进行记叙文阅读教学时，教师要引导学生了解记叙文的特点，并让学生据此进行阅读，同时要提醒学生注意事件发生的过程，引导他们抓住文章的主要内容，从而使他们准确理解文章内容。此外，教师也可以帮助学生记忆文章中的某些细节信息，以使学生根据这些信息来复述文章，减轻学生理解和复述课文的困难。

2. 激活背景知识

对于激活背景知识的意义，我们在实用技巧教学法中已经强调过。背景知识的激活有助于学生对文章的深层理解，也有助于掌握文章的中心思想和把握作者的写作目的以及思想倾向。而激活背景知识的一种有效手段就是提问。关于提问的方式和类型，我们在提问教学法中进行了详细介绍，教师可以灵活参考运用。

3. 将词句融入语境

词句知识是语篇学习的基础，更是培养语篇阅读理解能力的基础。英语中一词多义的现象很普遍，同一个单词处于不同的句子中会有不同的含义。同样地，句子也是如此，同一个句子处于不同的语篇中也会有不同的含义和交际功能。所以，句子也必须放到具体的语境中去考察，脱离了语境的句子就无法确定其交际功能，也不能起到应有的交际功能。所以，英语阅读教学不应仅局限于句子层面，而应突破句子的范围，着眼于句子在整个语篇当中的作用。

总体来讲，如果不影响阅读理解，在处理词、句子和语法时没有必要逐句释义，同时也要培养学生依据上下文揣测词义的能力，使学生能够在语篇的基础上把握词句含义，将词句回归到语篇语境当中。

4. 逐段消化吸收

经历了上述几个环节，在这一阶段，学生的主要任务就是逐段消化吸收，获得对语篇的整体理解，同时把握各个段落结构。具体来说，在这一环节中，教师要将课文中的语言点，如常见短语、句型以及固定搭配等指示出来，指导学生造句练习，以使学生能够熟练掌握和运用。

需要注意，这一环节的实施要遵循精讲多练的原则，并且教师还要有意识地向学生说明段落主题句经常出现的位置、段落的构成、每一段在语篇中的作用等，以使学生从整体上理解和把握各个段落的意义及作用。

5. 进行综合训练

将所学知识内化为语言技能、将语言技能转化为英语交际能力是语篇教学的主要目的。所以，当学生对语篇的内容、结构以及融合的知识有了一定的了解和掌握之后，教师就要有意识地引导学生进行整体吸收和运用，鼓励和指导学生根据篇章所提供的信息进行交际活动，如转述、缩写等，围绕作者观点进行讨论，围绕重点词汇和句型进行说写活动等，让学生处在交际的情景中，训练学生的语言表达能力，培养学生的实际交际能力。

从上述分析可知，在高校英语阅读教学中，语篇教学法有着明显的优势，具体体现为以下三点：

（1）语篇教学强调学生的主体地位和主体参与性。

（2）语篇教学体现了学习中学习方法与技巧的作用。

（3）语篇教学法明确了阅读教学的目的，注重学生能力的全面培养。

第二节 高校英语写作教学的改革

一、高校英语写作教学的内容

（一）结构

确定文章的结构是开展写作的前提，对文章整体表达影响深远。

1. 谋篇布局

谋篇布局是写作的必要前提，写作者可以根据写作目的选择适当的扩展模式。从篇章结构上看，结构是：引段—支撑段—结论段。而从段落的结构上看，结构则是：主题句—扩展句—结论句。不同题材、体裁的文章，有着不同的布局方式。例如，在议论性文章中，主题句主要用于陈述作者认为正确的观点，扩展句是以说明的顺序扩展细节、阐述原因，而结论句则重点用来总结或重述论点。在说明性文章中，主题句主要用来介绍主题，扩展句用来以时间、重要性等顺序扩展细节、说明主题，而结论句则是重述主题、描述细节。

2. 完整统一

所谓完整统一是指文章的所有细节如事实、例子、原因等都必须围绕主题展开，做到内容切题，与主题不相关的句子必须删除，同时要保证文章段落的完整性。

3. 和谐连贯

段落中句子的顺序和思路的安排都要具有逻辑性，句子与句子之间要有机地联系在一起，内容需要一环紧扣一环，流畅地展开，使段落成为一个和谐连贯的整体。运用正确且连贯的词或词组，可以把句子与句子有机地联系起来，使行文更加流畅，并能引导读者跟着作者的思路去思考问题。对于过渡词语的使用一般可以进行“短文填空”的专项训练。需要指出的是，过渡词语不可不用，也不可滥用，需要确保结构流畅、简洁，避免冗长、累赘的描述。

（二）句式和选词

英语中比较常见的句型有强调、倒装、省略等，并且每种句式都有着各自不同的变形，这就需要学生进行大量的练习。在写作教学中，教师应该采用“示范”和“讨论”的方式，帮助学生掌握正确的表达方式，增强他们对句式的认知。

选词通常都与个人的喜好有关，所以它也是个人风格的体现。但由于选词也是作者与读者之间的交流方式之一，所以选词还要考虑语境的因素，比如正式用词与非正式用词的选择、褒义词与贬义词的选择等，此外还应考虑角色及读者对象的因素。

（三）拼写和符号

拼写和符号属于学生的基础知识范畴，它主要考查学生单词的拼写和标点符号的正确与否。尽管拼写和符号都是细节方面的问题，但仍不可被英语写作教学忽视。

二、高校英语写作教学的原则

（一）以学生为主体原则

以学生为主体原则就是在写作教学开展的过程中，以学生为中心，尊重学生的主体性。但要想使学生真正成为学习的主体，首先要激发学生的兴趣，提高学生的主动性。使学生成为学习主体的方式有很多种，其中小组讨论就是提高学生主动性的一种有效的方式。另外，教师是否组织、如何组织学生进行小组讨论以及如何对学生的作文作出反馈是写作教学能否成功的关键。教师在小组讨论时可采用多种方式，可采用提问的方式，也可采用卷入的方式，如让学生集体回答，让学生读出黑板上的问题等，还可采用学生互助式。总体而言，就是教师在写作教学中要积极调动学生的自主性，引导学生参与其中。

（二）层进原则

层进原则是指在英语写作教学要由浅入深、由易到难、循序渐进开展，因为学生英语写作能力的提高并不是一蹴而就的，而是有一个逐步提高的过程。也就是说，学生要想提高写作能力，首先要从单词句子的写作抓起，逐步向语篇过渡。在英语写作中，词是最小的单位，词按照一定的规则排列，就组成了句子，人们通过句子传递信息，交流思想。当句子按照逻辑相关性的系统排列时，就形成了语篇。所以，针对训练活动而言，所采用的训练也要遵循由易到难的原则。高校英语写作分阶段教学的具体方案，大致分为以下 10 个阶段：

（1）写简单句。

（2）写复合句。

（3）段落的组成及要点。

（4）段落的发展方法。

（5）文章的文体类别。

（6）文章的结构。

（7）写作步骤。

（8）写作的书面技术细节与修辞手段。

（9）范文分析和题型仿写。

（10）独立撰写实践。

教师可以根据教学的实施阶段和学生的实际情况灵活安排教学活动。

（三）多样化原则

遵循多样化的教学原则需要做到以下两点。

1. 表达手段的多样化

英语的表达手段十分丰富，同一意义可以使用不同的句型来表达。在写作教学过程中，教师指导学生写作的重要途径，是引导学生学习使用不同的句型结构来表达同一意思是，这不仅可以弥补学生在语言知识上的不足，而且能启迪学生的思维，从而把知识变成技能，灵活运用语言。

2. 写作文体与训练形式的多样化

从文体上看，可以写议论文、记叙文、说明文，也可以写便条、书信、通知等实用文体。

从形式上看，可以用口头作文，也可以续写故事；可以写提纲训练谋篇布局，也可以写扩展段训练发散思维。此外，还可以让学生进行扩写、改写、缩写、仿写、情景作文等练习，让学生逐步掌握写作的技巧。具体来说，扩写有助于培养学生的想象力，但要求学生想象合理，做到符合原意，符合实际的要求。对于改写，可以指导学生对教材中的对话进行改写，这不仅有助于学生研读原文，更有助于学生把握文章的中心思想。当进行缩写练习时，可按照关键词—思考—讨论—复述—动笔这样的思路将课文中的关键词串连起来，然后写出本课的主题或中心思想。而在仿写练习时，可以让学生先仔细观察再临摹，然后自主写作，进而到熟练。情景作文有助于培养学生的综合能力，它要求学生把平时所学的知识点滴积累，提炼并转化为带有感情色彩的优美的文字语言。可见，每种练习形式都各有其优点，只有多做这方面的练习，才能真正提高学生的写作水平。

（四）重视写前准备原则

坎贝尔（Campbell）认为，写作前有必要进行调研、搜集资料、积累材料、酝酿论点及分析问题等活动。积累写作素材既是重要的写作准备活动，也是培养写作能力的重要手段。为了让学生积累更多的写作素材，以便更好地培养学生的写作能力，教师要鼓励学生在阅读范文的基础上对一些段落、句子、词块等进行背诵。背诵输入有助于克服英语写作中的负迁移，产出地道的英语表达方式。地道的英语是通过一些固定而优美的句型和英语的习惯说法来表达的。学生之间的讨论在写作过程中也具有十分突出的作用。通过讨论，学生可以获得写作的素材。头脑风暴、对话题的讨论、构思等写前活动不仅可以减轻学生的写作负担，而且可以培养学生的写作元认知策略以及学生对写作的积极情感。

三、信息化时代下高校英语写作教学的方法

（一）小组合作教学法

小组合作教学法是起源于20世纪70年代的一种新的教学方法。它通过异质小组的形式和小组成员间的合作来激发学生学习的积极性和自主性，从而达成小组目标。这种教学方法极大地体现了学生在英语教学中的主体地位，使学生变被动为主动，无形中也加强了积极的情感因素对学习的促进作用，以提高教学效果。具体到高校英语写作教学中来，小

组合作教学就是通过小组合作的形式进行写作教学。这种教学方法不仅可以锻炼学生的独立写作能力，还能培养学生的合作精神，以及发现、分析、解决问题的能力。小组合作教学的具体实施情况如下。

1. 小组讨论构思

这一阶段的主要任务是安排学生分组讨论并要求学生对文章进行构思。在讨论之前，教师要仔细分析学生的个性差异、成绩水平、写作能力等，并据此将性别、性格和能力不同的学生组合在一起，使小组内成员相互补充。分组后选出各组组长，由组长组织成员对文章结构、中心思想等进行讨论，在讨论的基础上列出写作提纲。教师在这一阶段的主要任务是设置一些问题，引导学生持续讨论。

2. 学生独立写作

这一阶段的重点是学生独立完成写作任务，所以独立性是这一阶段的突出特点。学生在写作中遇到问题时可以借助字典等工具自己解决，当遇到一些自己不能解决的问题时可向小组成员或教师请求帮助。学生独立写作的过程仍然是建立在小组讨论基础之上的。

3. 同伴互阅

在完成初稿后，小组内部成员之间可以交换作业，相互批改。教师在这一环节中主要是对学生的批改进行指导，教学生如何改文章的主题、结构，互改的策略与技巧，以及文章的连贯性和语法结构。同伴互阅不仅可以使学生明白写作的重点，还能培养学生发现、分析问题的能力。

4. 独立修改

在小组成员互评后，学生要对评阅的结果进行思考，然后结合互评结果，对自己的文章进行全面修改。在进行修改时，对于同伴提出的建议学生可以自主决定是否采纳。

5. 教师评阅

在上述任务完成后，教师要对所有的文章进行评阅，并从中挑选出一两篇有代表性的文章向大家展示，让学生讨论文章的优点，文章对大家的启发，以及文章应改进的地方。

（二）英语写作的技巧教学法

学生写作与其他技能的学习一样并不是盲目进行的，掌握一些实用技巧有助于帮助学生更快更好地完成写作任务。下面介绍一下学生在写作中常用的一些技巧，教师可以灵活教授给学生。

1. 构思技巧

（1）思绪成串式。这种选题构思的技巧是指将主题写在纸中间一个圆圈里，想到与主题相关的关键词就写下来，画个圈。然后对所有的相关观点进行归纳总结，最后确定写作思路。思绪成串式也是拓宽写作思路的一种有效的方法。

（2）自由写作式。这种构思技巧是指在看到文章题目之后，开始对题目进行思考，并将脑海中出现的所有观点都记录下来，记录完之后再返回来阅读所记录的内容，从中选取对写作有用的信息，其余的信息则可删除。这种构思方式不受限制，思路可以完全打开，而且写作的框架也会随思路的扩展而形成。

（3）五官启发式。这种构思技巧是指从看到的、听到的、闻到的、尝到的、触摸到的几个方面去思考和搜寻与主题相关的信息。但在写作中，这几个方面没有必要都涉及，可根据具体情况进行选择。

2. 开篇技巧

（1）提问式。这种方法就是通过提问的方式开篇，以激发读者的好奇心，吸引读者的注意力。

（2）描写导入式。描写导入就是通过描写背景，然后导入正题。

（3）故事引入式。故事引入就是在文章的开头描写故事，并以此引出下文。

3. 展开技巧

（1）按定义展开。按定义展开就是对某一个含义复杂、意义抽象的词语或概念进行阐述。通常为了使读者对定义有一个清楚的了解，在下定义时还可能运用举例子、打比方等方法。这种展示方式多用于说明文中。

（2）按过程展开。按过程展开就是按照事情发展的顺序和经过展开说明。

（3）按时间展开。按时间展开就是按照事件发生的先后顺序来记叙一件事，即先发生的事情先写，后发生的事情后写。

（4）按空间展开。按空间展开就是文章依照一定的空间方位展开说明，如从上到下、从左到右等。这种展开方式常用于描述一个地方或一处景物。

（5）按因果关系展开。按因果关系展开主要有三种形式：一是按原因展开，即文章开头先描写结果，然后分述其原因；二是按结果展开，即文章先给出结果，然后再叙述其原因；三是既分析原因又分析结果，这种段落展开方式常用于说明文中。

4. 结尾技巧

（1）展望式。展望式就是在文章的结尾处表达对将来的期望，以增强文章感染力。

（2）总结式。总结式就是在文章的结尾处对全文进行总结概括以揭示主题，加深读者印象。

（3）警示式。警示式是指根据文中的论点，在文章结尾处解释问题的严重性，以引起读者的重视和思考。

（4）引语式。引语式就是以格言、谚语总结全文。这种结尾方式不但可以增加文章的色彩，还可以引起读者的共鸣，发人深思。但需要注意的是，所引用的名言一定要与前面的观点相符合。

（5）反问式。反问式就是以反问的形式结尾。不同于提出问题式，这种形式虽然是问句，但意义却是肯定的，目的是起强调作用。

（三）英语写作的体裁教学法

所谓体裁教学法，就是在写作教学过程中对体裁分析理论进行充分运用，围绕语篇结构开展教学活动。教师运用体裁教学法，可引导学生对不同体裁文章的语言特点、篇章结构、交际目的等形成更加深刻的理解，从而在脑海中形成图式。在此基础上，当学生以后需要完成这类体裁的写作时，就能根据对应的图式结构，写出一篇符合该体裁结构、语言特点的文章。也正因为如此，在议论文、记叙文、说明文等不同类型文章的写作教学中常常采取体裁教学法。

根据体裁教学法，可对学生在考试中经常遇到的三类作文进行如下分析：

（1）图表作文实际属于说明文，一般要求学生以图表信息为依据，对图表进行说明和归纳，最后得出结论。

（2）情景作文实际属于记叙文，一般包括告知信、建议信、抱怨信等。

（3）提纲作文实际属于议论文，具有四种类型。每种类型的写作框架如表 5-1 所示。

表 5-1　提纲作文的四种类型

类型	第一段	第二段	第三段
现象解释型	描述现象	说明现象产生的原因	表明个人的观点态度或阐述个人做法
对比选择型	表明一方或双方的观点	表明另一方的观点及理由，或指出双方观点的不足及理由	表明个人的观点或阐述个人的做法
问题解决型	提出问题	分析问题，给出解决方案	表明个人的观点态度或阐述个人做法
观点论证型	提出论点	论证论点	得出结论或表明个人看法与做法

在写作教学的初期，使用体裁教学法可以大大减轻学生的畏难情绪，从而提高写作的

自信心。但是，从另一方面看，对文章体裁的过分分析不利于培养学生的创造性思维，很容易使学生的写作“千篇一律”，也容易让学生产生枯燥之感，这也是体裁教学法的缺点所在。

（四）英语写作的任务教学法

任务教学法是指在课堂教学中通过学生和教师共同完成某些任务，使二语学习者自然地学习、习得语言，扩展目标语体系和促进外语学习进步。任务教学法的产生为学生在现有的母语与目标语之间构建了一座桥梁，为学生提供了共同学习的机会，充分调动了学生使用语言、创造语言的能力。写作教学中，任务教学法的实施可以分为以下三个阶段：

（1）写前任务阶段。本阶段，教师应根据教学的任务、学生的学习需求设定具有实际意义和目标的写作主题和任务，如记叙文、描写文、议论文、说明文、通知、摘要、简历、书信等。选择好任务，并要强调其重要性。然后教师可给学生提供几篇范文，并对范文的语言形式及结构进行简要的分析，引起学生的注意。

（2）合作写作阶段。合作写作是指师生之间、生生之间的合作创作。本阶段的写作教学要求学生能根据上一阶段中教师的提示和范文示例，在规定的时间内完成初稿的撰写。首先，教师对学生进行分组，引导学生收集有关某一主题的素材，检索特定体裁的写作信息与观点。其次，学生根据所得信息规划写作结构，拟定提纲后开始初步写作。在此过程中，学生可采用多种方式开展合作写作，如先分工再结合的方式，共同探讨题目共同写作的方式等。在整个过程当中，教师主要对学生的合作写作进行观察、监督，引导学生正确地合作与写作。

（3）修改编辑阶段。在完成初稿之后，教师可从每组中选出一位代表汇报写作成果。这时，教师主要承担听众、分析师和导师的作用，听取学生的汇报，并提出评价标准。然后，依据评价标准评价学生的成果，还可以让学生进行互评，然后让学生修改初稿，完成二稿写作。如此一来，不仅可以提高学生的评估能力，还能够增强学生的读者意识，以一个旁观者的身份来审视同伴的写作，从中吸取经验、观照自己，在自己的写作中避免类似的错误发生。

（五）英语写作的多媒体教学法

多媒体和网络具有资源丰富、情景真实、灵活自如、不受时空限制的特点，通过多媒体和网络，学生可以接触到地道的英语，从更广的范围内了解英语文化以及英语文化与汉语文化的不同，还可以激发学生学习的兴趣，培养学生自主学习的能力。

鉴于多媒体的优势，在英语写作教学中，教师可充分利用多媒体和网络展开教学。例如，在授课之前，教师可以在网络上搜集一些与课文有关的文化背景知识，在课上通过多媒体向学生展示，这样不仅能调动学生学习的积极性，使学生积极地学习课文知识，还能使学生了解更多与课文相关的其他文化背景知识；不仅能开阔学生的视野，还能培养学生的英语思维，使学生写出地道的英语文章。

第六章　信息化时代下高校英语自主学习与教师专业发展

第一节　自主学习理论基础

一、自主学习概述

从不同的角度看，自主学习的本质包括的内容不尽相同，自主学习有广义与狭义之分。广义的自主学习是指人们通过运用多种手段和途径进行有目的、有选择的学习活动，从而实现自主发展的社会实践活动；狭义的自主学习是指学生在教师的科学指导下，自觉能动地、创造性地学习，实现自主性发展的教育实践活动，主要指在学校教育范围内的自主学习，学生是学习活动的主体，教师的指导、师生的有效交流互动是前提与条件，学生自觉、独立、主动地参与学习，进而实现学生自主性的发展是教学活动的目的。在本书中自主学习被界定为狭义的概念。

具体地说，如果学生的学习动机是自我驱动的，学习内容是自己选择的，学习策略是自主调节的，学习时间是自我计划和管理的，学生能够主动营造有利于学习的物质和社会性条件，并能够对学习结果做出自我判断和评价，那么他的学习就是充分自主的；反之，如果学生在学习方面完全依赖他人指导或控制，其学习就是不自主的。纵向维度是指从学习的整个过程来阐释自主学习的实质，如果学生在学习活动前能够自主确定学习目标、制订学习计划、做好具体的学习准备，在学习活动中能够对学习进展、学习方法做出自我监控、自我反馈和调节，在学习活动后能够对学习结果进行自我检查、自我总结、自我评价和自我补救，那么他的学习就是自主的；如果学生在整个学习过程中完全依靠教师或他人的指导和调控，其学习就不是自主的。

自主学习是学生自己主宰自己的学习，通过学习培养学生的自主意识，促进学生积极主动学习，促进学生自我完善、自我发展。因此，自主学习不能停留在对学习技能技巧的掌握及知识的学习上，而更应关注学生对自身内在的了解与改进，包括学生的自我认识、内部动机的激发及元认知的发展。教师既要引导学生在知识、技能上进行自我提高，又要培养学生自主学习的态度、习惯和能力，还要指导学生自己去实践，自己去发现；既要立足于当前的学习，又要着眼于学生的终身学习，使学生在积极、主动的学习过程中，实现自我认识、自我教育、自我管理、自我完善。

二、自主学习的价值

（一）自主学习具有时代价值

1. 当今世界科技发展迅速，知识量猛增，人们需要自主学习

随着知识经济时代的到来，知识增长迅速，更新周期日趋短暂，仅靠在学校学习到的有限知识已远远不能达到社会的要求。浩如烟海的知识使不同职业的要求日益提高，人们越发感受到在学校所学的知识、技能陈旧落伍。人们必须改变在学校中以教师教、学生学为主的学习方式，而更多地采用自我定向的学习方式——自主学习，只有通过不断的自主学习，才能适应社会发展的要求。因此，20 世纪 60 年代中期，人们提出了“终身教育”的理念，在此之后，又提出了强调学习者自身进取和努力的“终身学习”理念。终身教育这一体系打破了传统的将学习与工作分开的模式，强调教育应成为伴随人们终身的、持续不断的活动过程，终身教育的实现必须以个体的终身学习作为保证。终身学习是对学生在校学习的一种延伸，它需要学习者自觉自愿地、积极主动地学习并具备自主学习的能力。

2. 时代的发展需要创新性人才，自主学习理论与实践正是时代精神的体现

由于现代社会生产过程日益智能化及新科技革命带来的挑战，社会亟须具有创新性的人才。具有创新性的人，既具有相应的知识技能，又具有开拓进取的创新意识、竞争意识与合作精神；既具有敏锐的观察力与丰富的想象力，又具有独立的人格和健康的个性心理品质。先进知识的不断吸纳、内化是不断创新的源泉，只会死记硬背、缺乏主动学习精神的人是难以成为创新性人才的。自主学习的教育思想和教学方式，有利于培养学习者的独立人格和良好的心理品质；有利于培养他们的主动求学、积极探索的精神；有利于培养他们敢于竞争、敢于冒险、乐于合作的品质；有利于培养他们勤于动手、乐于实践的习惯和能力。自主学习是培养创新性人才的途径和保证，只有具备自主学习、终身学习能力的人，才能为社会发展注入新鲜的血液。

（二）自主学习的教育价值

自主学习是素质教育的核心。素质教育就是提高国民素质的教育，其宗旨是使人们学会做人、学会求知、学会健体、学会生活、学会生存，培养学生的学习意识、习惯、能力和方法是实施素质教育的核心任务。

1. 自主学习能够提高学生的学习质量

学习自主性强的学生认为自己的学习目标与学习活动是有价值的，并且能够在学习中约束自己，并运用一系列的学习策略与自我调节策略，其学习成绩要好于学习自主性差的学生。

2. 自主学习是当前学校教育中亟待解决的突出问题

在课程改革浪潮推动下，一些课堂教学已朝着有利于学生自主学习的方向转变。但是，传统的讲授式教学依然十分流行，这在学校课堂教学中表现尤为突出。传统的讲授式教学是以教师为中心，通过教师讲解、指导和各种媒体作为教学的手段和方法向学生传授知识，教师是知识的传授者，学生是知识的接受者。教材、参考资料、教师的个人经验等是知识的来源，是学生的学习内容；媒体是教师向学生传输知识的手段、方法和途径。讲授式教学虽有合理的一面，但也有十分明显的局限性。为了解决当前学校中存在的问题，应该把培养学生的自主学习能力作为一项重要的任务。

3. 自主学习有利于学生个体发展

（1）自主学习能够促进学生主体性的发展

自主学习最终的目标是促进学生的自我发展，是以发展学生的主体性为目的的。以往的教育强调知识是一个积累过程，主体性教育则注重在知识、能力发展过程中，学生是怎样主动、积极地习得各种知识与能力的。自主学习的最终目标是学生主体性的发展，当处理自身与自然、社会的关系时，人们对环境的积极改造是首位的，在改造环境与变革社会的过程中实现着人自身的发展与社会历史的进步。在学习中学生的主体地位是在其从事主动学习的实践活动中实现的，学生是学习的主体，不仅要学习科学文化知识，还要了解自己的学习特点，根据自身的能力去选择认知策略。

（2）自主学习能够促进学生主动性的发展

主动性的发展包括适应性、选择性、竞争性、合作性、参与性五个方面。自主学习对这五个方面都具有促进与提高的作用。人们改造社会的实践都是在有目的、有计划、有理性的指导下进行的，这也是人类生存与发展的基础。同时，自主学习可培养学生的主动意识、主动精神，这也是培养他们创新精神的基础。

(3) 自主学习能够促进学生自觉性的发展

自觉性包括学生有浓厚的学习兴趣，掌握学习的方法，能够坚持学习，做到自动、自控。在自主学习的过程中，学生是在自己的兴趣中主动地、积极地学习的，在学习中掌握多种学习的技能、方法。学生不仅要对自己做出正确、客观的评价，还要对自己的行为进行激励、调节，从而形成健康的心理品质。

三、自主学习的特征

(一) 自主性

每个人都有一定的自主意识和独立的个性，能够自觉、能动地进行自主活动。在自主学习中，学生在学习活动中具备学习的主体意识，能够自觉、主动地投入学习，掌握学习的策略与方法，对学习活动进行调节，及时反馈、自主评价。自主性主要表现为：①具有独立的主体意识，对自己有清楚的认识；②有明确的学习目标和自觉积极的学习态度；③能够在教师的指导帮助下独立地学习教材和理解教材，把书本上的科学知识内化为自己的知识；④能充分利用自身和外界的积极因素，主动地认识学习和接受教育影响，以达到预期的学习目标；⑤能够对自己的学习活动进行自我支配、自我调节和控制，并促进自身潜力的发挥。

(二) 独立性

独立性是相对于依赖性而言的。依赖性学习是把学习建立在人的依赖性的一面上，而自主学习则是把学习建立在人的独立性的一面上，可以说，学生的学习是从依赖走向独立的过程。自主学习要求学生不以教师的意志为转移，在各个方面尽可能脱离对教师与他人的依赖，由自己独立作出选择、决策，进而展开学习活动。自主学习贵在独立，它是学生学习知识、掌握技能的重要环节，通过学生的自主实践进行表现。

(三) 能动性

自主学习建立在人的能动性上，能动性是相对于受动性而言的。自主学习以尊重、信任、发挥人的能动性为前提，它区别于他主学习，是学生积极、主动、自觉地从事和管理自己的学习活动，而不是在外界各种压力下被动地从事学习活动。可见，自主学习是一种自主学习和主动学习，是在人的内在需求驱动下进行的。自主学习的能动性并不是先天形成的，需要对学生进行培养与训练。培养学习能动性最根本的要求是激发学生的内在需要，如动机、责任、自我实现、自我超越等。

（四）个别性

个人的独立性，首先来自先天素质差异，同时，由于每个人成长的环境不尽相同，在社会化的过程中的个人选择也不同，因此逐渐形成了各自鲜明的个性特点。在学习中面对同一学习内容，不同学生的学习起点不同，知识基础、情感准备也不同，学习内容的选择、学习速度及所需要的时间也不同。自主学习尊重学生学习上的差异性，给予学生选择学习内容与寻求学习资源的自主权，允许学生按自己的学习方式与方法学习。

（五）相对性

自主学习具有相对性。因为，从现实情况来看，绝对的自主与绝对的不自主学习是较少的。大多数的学生都是有些方面自主，有些方面又不自主。比如，学生在学校学习时，学习内容、学习时间都不可能由学生完全决定，不可能摆脱对教师的依赖。因此，我们要从学生的实际学习情况出发，分清其在哪些方面是自主的，哪些方面是不自主的，这样才能有针对性地培养学生的学习自主性。

从以上对自主学习特征的分析来看，必须认清自主学习与平时人们所理解的自学是两个不同的概念。所谓自学，是学习者在没有外在的帮助下独立学习的方式，是通过文字教材等信息载体，完全由学习者独立学习文字资料、获取知识的一种学习形式。由于学习的过程当中没有同学和老师，自学要求学习者具有较高的学习自律性。自主学习是在一个完整的支持服务体系下主动地学习，因此它并不等于完全地独立学习。自主学习与自学之间的相似之处在于学生都是自觉主动地去获取知识，区别在于自主学习是在完整的支持服务体系下进行的，如学校的基础建设、师资队伍建设、管理体系建设等，并且在整个学习过程中，学习者不是孤立无助的。

自主学习的人具有独立性，但又不是随心所欲、为所欲为的，而是清楚自己的行为不是一种任意妄为的自由活动。权利与义务是相统一的，自主与责任也是相统一的。在交流互动中师生应彼此独立，相互尊重、协作，逐步培养起学生的自主选择能力、自我判断能力。学生作为自主学习者，拥有一系列自由选择权、决策权，然而使用这些权利需要具备的前提条件是学生要有相应的责任，盲目、随意地选择与决策只能导致学业上的失败。现行的教育中，学生往往对教师有强烈的依赖感，由于学生学习的兴趣不浓、愿望不强烈，因此遇事都听从教师、依附教师，并不愿对自己的学习承担责任。学生只有具备了一定的自主学习能力，才能够充分地履行自己的权利、承担自己的责任，才能在学习过程中制定学习目标、学习计划，选择学习内容、学习方法，对学习活动实施自我监控、调节、自我评价与反馈。

自主学习是具有相对性的，学生的学习并不是完全脱离了教师的绝对自主，在学习中，师生之间、学生与环境及相关的条件之间有着千丝万缕的联系，教师的引导和帮助对于学生知识建构、自主发展极其重要。随着知识经济时代的到来，学生接触的知识面越来越广，由此可以利用诸多先进的技术手段获取信息，但量的积累并不能代表质的飞跃，学生在学习中还需要教师的精心点拨才能真正获取有用的知识。以往的学校教育，更多的是教师研究学生需求和学生的能力水平，然后由教师确定教学目标、教学内容、教学方法等；而在自主学习中，这些任务要由师生共同承担，学生要将自己看成不依赖他人、能独立自主的个体，从意识观念上确立自主，在教师的引导与帮助下逐步形成自主学习技能，从被动的受教育者转向实现自我表达的积极参与者。

四、信息技术与自主学习

信息技术的不断发展、信息资源的不断丰富和人工智能领域的研究使网络虚拟空间的人机交互朝着人性化、个性化方向发展。信息资源的无限扩张及在教育领域的渗透，以及网络的开放性、共享性和交互性为学生个性化的自主学习在外部环境方面打下了良好的基础。

（一）信息技术的概念与信息技术环境

1. 信息技术的概念

联合国教科文组织（UNESCO）对信息技术的定义是：应用在信息加工和处理中的科学；科学与工程的训练方法与管理技巧；计算机及其与人、机的相互应用；与之相应的社会、经济和文化等诸种事物。人们利用信息技术对数据、语言、文字、声音、图画和影像等各种信息进行采集、处理、存储、传输和检索，这一系列的经验知识及其手段、工具的总和称为“信息技术”。随着科学技术的发展，信息技术已发展为以计算机多媒体网络为基础的智能信息技术。目前，在学校教学中应用的现代信息技术主要是指以数字化、网络化、多媒体化和智能化为特点的信息技术。我国学者陈琦、刘儒德在《信息技术教育应用》一书中对信息技术的表述是：所谓信息技术，是指与获取、传递、储存和利用信息有关的技术；具体来讲，是以微电子技术、通信技术、计算机技术为主干，结合集成电路技术、光盘技术、机器人技术和高清电视技术等的综合技术。南国农先生认为，目前，教育技术领域内对“信息技术”大致存在以下三种理解：第一种是信息技术就是计算机技术；第二种是计算机技术与网络技术的结合；第三种是视听技术、计算机技术、整合技术。李克东先生则认为，信息技术指研究信息的产生、获取、传递、加工、再生等功能的一类科学技术，它能够扩展人的信息器官功能。其中，应用在教育领域的信息技术主要包括数字音像技术、卫星电视广播技术、多媒体计算机技术、人工智能技术、计算机局域网技术、互联网技术和虚拟现实技术等。

2. 信息技术环境

应用现代信息技术可以构建多种教学环境，如多媒体综合教室、多媒体计算机网络教室、电子阅览室、校园网、基于互联网的远程学习系统等。多媒体技术、网络技术和虚拟现实技术能够创造和展示各种趋于现实的学习情境，把抽象的学习和现实生活融合起来，有利于激发学生的思维与探索。当前，学校的信息技术环境主要是指各种设备、器材、工具（包含计算机网络、先进的数字化仪器等现代以至前沿的硬、软技术）和综合的信息资源（如文字材料、书籍、音像材料、各类软件与多媒体课件以及互联网上的信息等）。用于支持教与学的信息技术环境大致可分为两种：一种是班级授课制下的信息技术环境，如多媒体教室、电脑网络教室；另一种是非班级授课制下的个别化远程学习环境，如学校或图书馆的电子阅览室、学生家庭计算机、公共网络设施（如网吧）等。信息技术环境在教育中主要表现出数字化、智能化、多媒体化、网络化等特征。

（二）信息技术环境下的自主学习

1. 信息技术环境下的课堂教学促进了传统课堂教学的创新

信息技术环境下的英语教学是以学生为主体、以教师为主导的教学理念，是在不脱离课堂教学的条件下，充分利用网络、多媒体技术，共同完成教学任务的一种新型教学方式。这种教学模式下的师生之间既可以面对面地交流，又可以不受时间限制，利用计算机网络技术进行深入、自由的多向交流。信息技术环境下的英语教学的开展促进了信息技术和传统课堂教学的有机结合，有利于学生自主学习能力和创新能力的培养。信息技术辅助英语教学结合传统英语课堂教学的优势，在教学过程中使教师地位、学生地位、教学模式、学生的学习方式等诸度多因素都发生了相应的变化。

2. 信息技术为自主学习能力的形成与发展提供了有利条件

信息技术为构建良好的自主学习环境提供了强有力的支撑和保障，为学生自主学习能力的形成与发展提供了有利条件。

（1）提供学习工具的支撑，促使学习者“能学”

学习工具是指有益于学习者查找、获取和处理信息，交流协作、建构知识，以具体的方法组织并表述理解和评价学习效果的中介。学习工具为学习者提供了一个适宜环境和设施，使学习者能够主动努力思考，以产生自己的想法，建构自己的现实世界。

信息技术为自主学习者提供的学习工具有 Explorer 浏览器、电子邮件、数据库软件等，学生可以利用这些工具达到理解和生成外界信息的目的，而不只是对客观知识的被动接受，从而自主完成学习活动。例如，可以利用汉字输入和编辑排版工具，培养学生的信息组织、意义建构能力；利用“几何画板”“作图”“作曲”等工具，培养学生创作作品的能力；利用信息“集成”工具，培养学生的信息组织、表达能力与品质；借助网页开发工具，培养学生对信息的识别、获取和组织能力。开放性、探究性的学习工具补充和拓展了人的心智，使学生能够参与高水平的深层次的信息处理，认知处理任务，如识别、判断信息模式，并把信息模式加以组织、规划、决策以对学习进行自我调控等，从而促使学生有能力进行自主学习。

（2）提供学习资源的支撑，促使学习者“想学”

这里的学习资源是指学习者能够与之发生有意义联系的各种信息资源。信息技术对自主学习提供的学习资源包括课程本身的资源、音像教材、多媒体教学软件、互联网上的网络资源及现实社会的真实资源等立体化学习资源。

随着信息技术的发展，特别是网络技术的发展，基于网络的学习资源提供了真正意义上的开放性的学习环境。信息化学习资源中，高质量的教育资源库具有教学针对性强、内容科学、实用性高、冗余度低、资源高度共享的特点，可以在学生自主学习中发挥重要的作用，而且它不受时间、空间和地域的限制，通过网络可扩展至全社会的每个角落，连通整个世界。每个学习者都可以在任意时间、任意地点通过网络自由地进行学习和工作；每个学习者都有可能得到每个学科一流教师的指导，都可以向世界上最权威的专家请教，都可以借阅最著名图书馆的藏书，都可以从网上搜索世界各地最新的信息和资料。信息化学习资源中，基于网络的学习资源能为学习者提供图文并茂、丰富多彩的交互式人机界面，以及符合人类联想思维与联想记忆特点、超文本结构组织的大规模知识库与信息库，使自主学习者对物质学习环境的利用更加便利。在校园网络环境下，利用学校内部教学资源库或著名教育资源库镜像，学生可以从中查找或搜寻到所需的学习资源，完成问题解决，并从中扩大学生的视野，这样易于激发学生的学习兴趣和动机，并为实现探索式自主学习创造有利条件，促使学生愿意自主学习，从而使学生真正达到主动建构知识的意义，实现自己获取知识、自我更新甚至创造新知识的理想目标。

(3) 提供交流平台的支撑，促使学习者“会学”

当在自主学习过程中遇到困难时，需要独立探究；当自己探究无法解决时，就需要与他人合作来共同完成。因此，自主学习需要学习环境促进学习者之间进行交流，这也是自主学习的精髓。也就是说，在自主学习中，主动交流是必不可少的。自主学习不是一种完全独立的、孤立的学习，而是一种在与他人协作或指导下的独立性的学习。交流实际上是自主学习者对社会环境的一种利用。信息技术为学生学习提供了众多的交流平台和一系列双向交流工具，可实现同步和异步交流，学生可以借助微信、QQ、电子邮件等网络通信工具，实现相互之间的交流，参加各种类型的对话、协商、讨论活动，培养独立思考、求异思维、创新能力和团队合作精神。

此外，网络交流所具有的平等性，能让每个人都拥有发言权，促进学生更好地抒发真实想法，激发他们最大的潜力。由于不采取“面对面”的交流，学生（尤其是胆小、腼腆的学生）便敢于大胆提问，使得学生将个人问题转化为公共问题，并借助集体智慧共同解决问题。以共同感兴趣的问题作为桥梁，学生还更容易找到志同道合的学友。这些优势都能对培养学生与他人协作、借助外部社会环境解决问题的能力起到良好的推动作用。

信息技术的应用，使单纯的“人—人”交流向“人—人”“人—机”“人—机—人”交流的综合交互环境发展。而信息化交流平台能够使自主学习过程中必需的互动和交流变得更为便捷。网络扩大了交流的范围和空间，使得相隔万里的异步交流能在瞬间完成，使整个世界成为一个“地球村”。互联网通过网络互联和交互式信息服务，为学生提供了一个信息交流、资源共享的网络协作学习环境，促使学生学会学习。

(4) 提供评价体系的支撑，促使学习者“坚持学”

基于自主学习的学习评价体系不仅重视学习结果的评价，更重视学习过程的评价。评价体系遵循全面、多元、发展的原则，其中“全面”可以让学生看到自主学习所获得的知识、技能的价值；“多元”可以让学生感受到能力的多面性，看到自己的长处和不足；“发展”可以让学生看到自己通过努力所取得的进步，增强学生的自我效能感。

信息技术可以为自主学习提供全面、多元、发展的评价体系，学生通过使用一些随机出现的、不同等级的自适应测试题目，利用SPSS统计分析软件和学习反应信息分析系统，借助统计图表或S—P表进行自我评价。在评价方式上更多地采用案例评价、量规评价和文件夹评价等形式。例如，文件夹评价是学习者将学习笔记、作业、收集的资料、自己的电子作品、学习结果以及电子邮件、参加在线讨论和博客学习的记录等存入文件夹，以此清楚地了解自己在整个学习过程的表现和收获，便于做出客观、公正、人性化的自我评价。在自主学习过程中，学生难免会遇到这样那样的学习困难和干扰，利用教育信息化环境提供的客观、公正、人性化的评价体系，能够增强学生的学习自信和学业自尊，增强个体对学习的自我控制感，便于学生用意志努力来控制自己，使学习坚持进行。

信息时代需要学生学会自主学习。信息技术对构建自主学习环境具有全方位的支撑作用：作为自主学习的学习工具，促使学生“能学”；作为自主学习的学习资源，促使学生“想学”；作为自主学习的交互平台，促使学生“会学”；作为自主学习的评价体系，促使学生“坚持学”，可不断地为学生自主学习提供物质保障和外部条件。

（三）基于信息技术的自主学习环境

1. 基于多媒体教室的自主学习环境

在多媒体课堂自主学习环境下，改变了传统的教师主讲地位，真正发挥了主导作用；设计学生的参与活动，使其成为课堂学习环境中的真正主体；学习工具由传统媒体过渡为计算机多媒体元素，充分发挥多媒体技术优势，根据学生未知的任务设计相应的教学软件，通过液晶投影将其展示到大屏幕上。在教学软件的制作及应用中，学生可以更大限度地、主动地参与其中，而教师给予适当及时的引导、纠正并进行合理的教学组织活动，如组织小组讨论、竞赛游戏等，不再将课堂教学软件当作一种教师讲课的辅助工具，使学生告别传统课堂教学中被动学习的状态。这样的课堂更生动活泼，更能使学生调动一切感官学习新的知识，学习更具主动性和积极性。

2. 基于网络教室的自主学习环境

该环境的特点是可以实现监视监控、问答、个别辅导、分组讨论等类似语言实验室功能的教学环境。学生人手一机，机机相连，可以动手操作，通过耳麦相互会话。教师的讲义已经不是单纯的演示课件，而是存储于网络服务器便于学生自主学习的工具，所有学生都可以共享。教师充当教练的角色，作用是监控、分析学生的学习状态和调节学生各种能力的发展，包括操作技能、认知能力、言语交流能力和协作学习等方面的能力发展。通过网上的教师机的个别监控，教师可以方便地监控不同学生的操作进程，掌握学生的学习情况，进行有针对性的及时指导；学生则通过“电子举手”“分组讨论”等功能来进行师生间、学生间的小组研讨，得出结论，甚至充当教练的角色。

3. 基于校园网及互联网资源的自主学习环境

在基于校园网及互联网资源的自主学习环境下学习，有利于建立多种学习资源，有利于自主学习的发生及获得设计者预期的学习效果。教师将教材数字化后放到网络上，再辅以网上的其他学习资源模型，如图书资料信息、教学辅助相关信息（课件、学件）、教学评价系统（电子习题集）等进行讲解。学生通过校园网及互联网利用信息技术工具进行自主学习，其学习路径完全由学生自己决定，教师只是这些学习环境的建构者、学生学习的指导和协助者。

从上述三种自主学习环境中可以看出其共同的特征，即以学生为主体并能控制整个学习过程，教师作为“媒体”，起主导作用。教师在教学中要根据课程的特点，利用信息技术，构建基于多媒体教室、网络教室、校园网及互联网的自主学习环境。基于多媒体教室、网络教室的自主学习环境用于组织正常的课堂教学，基于校园网及互联网资源的自主学习环境用于提供网络学习资源和工具等，可满足学生个别化学习的需要，帮助其完成学习任务。多种环境的支持作用，可以进一步促进有效自主学习的发生，增强课程的学习效果。

（四）利用信息技术进行英语教学的建议

针对高校英语教学实践中存在的认识上的误区和操作层面的一些问题，必须正确认识并注意在实践中进行解决，科学、合理地运用多媒体信息技术，确保计算机支持下的多媒体技术在辅助高校英语的教学中充分发挥作用。

1. 根据教学的需要决定是否使用多媒体

如前所述，有些教师为了体现教学手段的现代化，在一堂课中尽可能多地使用计算机多媒体，甚至误认为多媒体使用越多，学生的学习兴趣就越浓厚，所教授的语言材料就越易于为学生掌握，学习效率也越高，由此所有教学环节中都使用多媒体，课堂中忙于画面的切换，使教学过程变成了计算机操作过程；学生整堂课都在观看和收听多媒体课件中渡过，完全变成了被动地接受学习，曲解了多媒体辅助教学的初衷。这样显然违背了语言学习的规律，肯定不能有效地提高学习效率。其实，多媒体只是教师教学活动的辅助设施，应该处在被支配的地位，而不能喧宾夺主，是否使用计算机多媒体，应取决于英语课堂教学的需要。使用多媒体的目的是“活化教材”，创造较为真实的语言环境，帮助学生用英语思考，促使学生动脑、动口，积极参与；若仅仅为了追求在课堂上多一点现代化教学气息与技术成分而过多地使用多媒体，将会产生不良的现代化教学效果。

2. 适度取舍多媒体教学素材，注重多媒体课堂的“人文关怀”

多媒体作为一种教学辅助工具，本身并不带有任何感情色彩，真正发挥作用的是其设计者和操作者——教师。面对海量的信息，教师更要注重培养学生利用多媒体课堂有针对性地快速选择必要的素材来构建意义的能力，以达到提高学习效果的目的，真正通过现代化媒体技术发挥建构主义学习理论的优势。另外，教师与学生的情感交流对学生学习兴趣的激发和学习动机的培养具有重要的作用。学生有一种天生的向师性，即希望得到教师的关注。因此，教师在教学过程中，除了要优化教学手段、使用现代化的硬件设备之外，还要以情感人，营造愉快而和谐的心理环境；教师要真心爱护每位学生，以自身的人格魅力，使学生对其产生可亲、可敬、可信的情感，这样学生就能从情感上真正接受新的知识，从而达到事半功倍的效果。

3. 充分交融多媒体高校英语教学模式和传统教学模式

多媒体技术辅助高校英语教学是利用现代信息技术带动教学内容、教学方法和教学手段的全面改革，其最大特点是有助于真正形成以学生为主体的教学模式。英语教师应转变教育思想，充分认识到自身角色所发生的巨大变化，从传统的知识传授者、灌输者转变为教学的设计者、组织者、参与者、引导者和评价者，不但要设计主题教学模式和教学任务，还要结合学生的认知心理特点，倡导、组织协作学习，监控学生的学习过程。在多媒体交互式学习环境下，教师要利用多媒体创设的特定语言情境，以精辟简练的讲解，引导学生进行量多质优的听、说、读、写综合训练，使学生在有限的时间内获得基础知识的同时，还能训练语言基本技能，培养直接用英语思考和表达的能力，并为实现英语交际打下坚实的基础。当然，多媒体技术不是全能媒体，高校英语教学不能完全摒弃传统教学模式，而要继承传统教学模式中的精华，如通过手势、语音语调、面部表情传递的情感互动等有益因素，使其更好地发挥作用。只有二者有机结合、充分交融，才能使教学活动进行得张弛有度，使多媒体技术辅助高校英语教学达到更优的效果。

第二节 高校英语自主学习

一、信息化背景下高校英语动机培养

（一）应用信息化技术线上引导与面对面交流，降低学生的焦虑

信息社会的到来和科学技术的高速发展，使学生接触到的高科技产品越来越多，获取信息的渠道也越来越广。但是，如此多的信息获取渠道，反而会使学生不知从何下手，在浪费时间的同时也没有收获新的知识。这一负面影响最为显著的表现就是大一新生在还没有适应新的学习环境和方式时，自身的思维和意识依旧停留在对教师的依赖中，希望得到

教师的指点和引导，由此便决定了他们在没有接收到教师及时的指导之后，会产生一定的焦虑情绪，甚至会失去对学习的信心，从而无法完成学习任务。

因此，教师应该使用网络在线信息引导和课堂面授反馈相结合的方式，帮助学生掌握英语学习方向，提高英语学习的效率。

1. 在线信息引导

在线信息引导指的是教师通过网络对学生进行语言学习的指导和帮助，帮助学生减少花费在浏览网页上的时间，更快、更好地进行信息的选择和获取。在网络通信软件的帮助下，教师可以将每节课的教学要点和难点告之学生，指导其利用网络来学习不同的知识点，并学会攻克不同的知识难点，提高其学习效率。由此，便可以在一定程度上减少学生因与教师面对面交流而产生的胆怯和不安，让学生在学习方面获得成就感的同时增强对英语自主学习的兴趣。

2. 课堂面授反馈

在现代教育理念和教学模式中，高校课堂教学的重点不再是教师，而应当是学生，也就是人们常说的“翻转课堂”。翻转课堂采用多种多样的方法检查学生线上和线下的学习情况，告诉学生存在的普遍问题，引导学生分析造成共性问题的原因以及应该采取的措施，不断提高自主学习效率。例如，在读写课堂教学中，主要训练的是学生的阅读技巧，为实现这一教学目的，教师可以先就不同的段落为学生设置相应的问题，并对每一段落中的核心词汇和短语加以重点标注，使学生在借助网络进行英语自主学习时，可以针对教师所设置的问题进行学习，在节省时间的同时提高学习效率。学生在学习这一文章时，还应借助网络了解与文章作者、写作背景、写作目的等有关的学习资料，厘清并分析文章的段落结构，把握文章的主题思想。在进行下一次教学时，教师应当让学生对文章中的短语和词汇加以翻译，并进行词汇造句、段落讲解和情景对话，这样可以较为直观地检验学生的学习情况。在课堂教学活动结束后，教师首先要做的是对学生的自主学习加以肯定和表扬，然后再指出其中存在的问题，帮助学生发现自主学习的不足并加以改进，增强学生自主学习的信心。

（二）采取丰富多样的教学方法，培养学生的自主学习兴趣

在信息化社会中，英语教学拥有丰富的教学资源，并可以采用较为直观、生动、形象的教学方法，帮助学生更好地进行自主学习。但是，应当注意的是，教师在为学生选择学习视频或音频时，应在结合所要学习的知识点的同时考虑学生的现有语言水平，增强学习资源的针对性和有效性。

1. 主题讨论

主题讨论借助QQ、微信等网络通信技术得以实现。在进行主题讨论时，教师可以单元教学内容为依据进行问题的设置，并将学生分成几个学习小组进行讨论。在进行问题讨论时，学生可以脱离内容的限制，在不考虑自己的观点正确与否、语法正确与否的情况下，将自己置于与教师平等的地位进行探讨。在这样一个较为自由、宽松的学习环境中，学生可以最大限度地激发学习兴趣，发散学习思维，通过面对面的沟通与交流，养成使用英语进行表达的习惯。当然，在课后，教师应当安排学生对自己的语法和有待学习的英语词汇进行查找和学习，以增强学生的词汇印象和记忆。

2. 人机交互

教师应大力提倡学生借助英语语言学习平台，进行《视听说》教材中的口语和听力训练，并边听边复述所听到的内容与对话，掌握句子中单词连读、弱读和重读的发音技巧。由此，不仅可锻炼学生的听读能力，也在一定程度上有利于学生的口语表达能力，还可训练学生利用英语进行对话的能力，激发其学习英语的热情和兴趣，从而更好地开展英语自主学习。

3. 课堂情境创设

传统的英语教学方式和教师的备课模式在信息化社会中出现了大的改变。在现代化的英语课堂教学中，教师不再是一个人站在讲台上滔滔不绝地讲课，更多的是欣赏学生的学习作品与成果。教师在进行备课时，也不再如传统教学那般在纸张上罗列教学过程，而是借助PPT等现代信息技术，在授课过程中插入相应的问题，并让学生进行预习。例如，在正式上课之前的导入部分，教师可以利用多媒体或计算机播放一首与学生将要学习的内容有关的歌曲或视频，激发学生的学习欲望和兴趣；在教学过程中，教师可以安排学生进行小组讨论、抢答、学生制作与展示PPT、歌剧表演等方式，也可以让学生自主选择表现形式，让学生充分展现自我，在愉快的氛围中进行英语自主学习。

（三）培养合作式的学习氛围，激发学生的自主学习动机

个性化是高校英语自主学习在信息技术环境下的一大特色，但不可否认的是，信息技术也会对英语学习产生一定的负面影响。例如，有的学生会因为缺少与教师面对面的交流而产生学习焦虑，严重的甚至会放弃英语学习。在学生进行自主学习时，如果教师可以适时参与其中，就可以缓解这一问题的出现。由此，在英语自主学习过程中，可以借助以下三种方式减少学生焦虑情绪的产生。

1. 在线交流

教师可以借助网络通信软件与学生进行在线交流和讨论，如学生在借助网络进行英语自主学习时，如果遇到了自己无法解决的知识难点，可以通过 QQ 或微信等通信工具向教师进行在线咨询和提问，也可以在群里进行相关问题的讨论和问答，这期间，每个学生都可以自由表达自己的观点，也可以对个别知识点的学习进行合理性质疑。在线交流的学习形式并不限于以上所说的一种，学生还可以通过 QQ、微信语音功能进行自我介绍，传递电子邮件，并通过讨论、提问、辩论、交流学习体会等培养主动参与的意识。

2. 在线合作学习

在线合作学习过程中，教师应当根据教材或与教材相关的内容为学生设置相应的问题和任务，学生可以选择自己独立解决问题，也可以选择与同学进行合作。而与同学合作学习应当是英语基础好的学生带动基础差的学生学习，并对其进行辅导。灵活性是在线合作学习的一大特色，只要学生能在规定的时间内完成，就可以选择同时进行或不同时进行的方式。合作学习的成果最后在全班共享，特别优秀的成果也可以在年级共享。

3. 课堂合作学习

课堂合作学习是教师把课堂的主角让给学生，让学生积极参与课堂，避免课堂沉闷气氛，易于培养学生独立思考和敢于发言的能力。在高校英语课堂教学中，教师发挥的作用主要体现在两个方面：一是启发，二是引导。在课堂合作学习过程中，教师可以采用拼图法、猜词法、抢答法、编号法、分组讨论法、记分法等不同的组织形式，根据学生的实际水平设置相应的问题和教学内容，力争让每个学生都可以参与其中，让每个学生都可以感觉自己受到了教师的重视和在课堂教学中的重要性。在学生讨论之后，教师可以选择几名学生阐述自己的观点，最后针对学生的观点进行点评和总结。在总结过程中，教师首先要做的是对学生的观点加以肯定，在此基础上再提出其观点的问题和不足。这一学习方法在活跃课堂气氛的同时，也会拉近学生与学生之间、教师和学生之间的关系，可以帮助学生克服焦虑情绪，强化其进行语言学习的动机。

综上所述，教师应当根据授课班级的具体情况进行具体分析，采用合适的教学方法和手段，并充分利用现代信息技术和多媒体，营造一个轻松的学习环境与氛围，激发学生的学习动机与兴趣，为社会发展培养所需要的人才。

二、高校英语网络自主学习中心及其建设

（一）高校英语网络自主学习中心的构成要素

目前，许多学校已建有网络外语自主学习中心，并以此作为实现网络外语自主学习的主要形式。网络外语学习中心作为学习平台，与传统的自主学习中心存在巨大的差异。相对于传统自主学习中心的物理场所概念，网络自主学习中心实质上是一个在线学习支持系统。

一个理想的网络外语学习中心，通常应包括以下元素。

1. 学习资料和使用指南

（1）学习资料。包括各类书籍文本资料、多媒体视听资料、课件、测试题等。

（2）使用指南。包括学习者使用平台上的学习资料。学习指南可以是文本形式，也可以是应用程序的形式。

2. 在线导师辅导和学习者档案系统

（1）在线导师辅导。它针对学习者的特点和需求，提供实时的辅导，解答学习方法和学习内容方面的问题，帮助学习者对学习的各方面作出决策。在线辅导人员必须具备全面的英语教学专业知识，一般可由高校英语教师担任。

（2）学习者档案系统。它记录学习者在学习中心的各种学习活动和结果，包括学习者的来访记录、资料使用情况、测试与评估情况等。

3. 测试与评估软件系统

此系统可以对学习者的英语水平、学习能力、学习风格等提供在线评估，也可以提供学习决策和建议。如果有教师在学习者需要时提供在线支持，则效果更好。

4. 在线互动平台和在线课程

（1）在线互动平台。它为学习者相互之间的交流提供平台，如 BBS、博客、论坛等。

（2）在线课程。学习中心可以提供学校正式课程以外的辅导型课程，以帮助学习者有针对性地提高相关能力。

（二）高校英语网络自主学习中心的作用

1. 优化学生的自主学习环境

当前，多数高校英语网络自主学习登录英语学习平台均是通过校园网完成的，因此在

安排学习时间时，必须针对英语网络自主学习室的学习特意安排好部分学时，网络自主学习室必须配置专业的辅导教师负责解答学生提出的各种问题，同时学校公共计算机机房资源应该按照现实状况面向学生进行开放。自主学习平台应该通过学习预约系统安排机位学习时间，其目的是减少学生在学习时间方面出现的矛盾，使学生享受到更好的服务。

2. 增加趣味性的学习互动模块

教师是课堂教学中师生互动的主导者，而教学效果会在互动教学的推动下获得极大的提升。因此，在设计网络学习系统时，应着重关注互动环节在网络英语自主学习平台中的实施，互动模式要与在大学生中普及的多种社交平台进行融合。为了实现及时互动与在线教学，应该将学习互动交流群、学习微信公众号、学习讨论微博平台与学习答疑平台融入学习系统中。为了提升学习的吸引力以及学生对学习的兴趣，应该在现代化社交模式的基础上实现立体化的教学互动。

3. 引入移动 App（应用程序）学习模块

在移动网络极速进步的大背景下，现在的大学生群体已经开始广泛使用智能手机，移动设备在大学生的交往生活中发挥着重要作用。大学生的手机置入高校英语自主学习平台的 App，可以让学生的学习摆脱时空的限制，真正获得自主性，从而消除传统学习的弊端，同时 App 可以按照学生的学习状况及时通知其学习进展，还可以把多数学生提到的学习难点推送给每个用户。在大数据的协助下，对引起学生关注的学习资源统计进行及时公开，引导学生通过手机 App 在课余时间学习，如此方可大幅提升学生学习的主动性以及学习成效。

高校英语网络自主学习平台建设可以使学生摆脱时空的束缚，提升学习的个性化、自主性以及选择性。利用规模庞大的网络学习资源库，能够增强学生学习高校英语课程的兴趣，使学生的英语语言综合能力得到显著提升，使科学化、网络化、智能化成为高校英语教学未来的发展趋势，推动高校英语教学的进一步发展。

（三）高校英语网络自主学习中心建设的措施

1. 加强外语信息资源个性化建设

目前，各大高校自主学习中心采用的是专门制作的学习资源，如《新视野大学英语》系统，该系统涵盖词汇练习、翻译练习、听力、写作练习等同教材学习相关的方面。此外，诸多高校的学生的听说训练系统选用的是《体验英语》《新概念大学英语》，虽然学生拥有了出色的学习平台，但与学生个性化学习的要求还有很大差距。自主学习中心必须对外语学习资源进行进一步拓展。一方面，在信息化高速发展的今天，教师能够按照学生能力对其他国家的原版教学资料进行搜集与编辑，并在学生自主学习过程中运用这些素材。与真实的语料进行密切接触是语言学习的必由之路，鉴于学生对有趣的内容更加感兴趣，系统中心可对西方电视台的诸多节目，如新闻、娱乐、访谈等的视频进行搜集，并供学生选用。同时，虽然大部分教师在教学过程中鼓励学生在课余时间对西方国家的主流媒体、报刊上的文章进行浏览，但现实中只有极小部分的学生具有这种积极性。因此，教师应该在资料库中定期置入经过仔细挑选的素材，为学生的自主学习奠定基础。而且，若条件充分，还可将部分语言指导融入其中。另一方面，当前我国大部分高校均将 EAP 教学（学术英语教学）作为未来英语教学的重点加以推广，学习资源以学生的专业为依据进行提供。总的来说，不仅要满足学生的一般需求，还要使学生获得个性化学习空间。

2. 突出教师在自主学习中心的作用

教师在构建自主学习中心的过程中发挥着重要作用，为资源收集提供了很大的助力。由于教师长期从事教学活动，熟知学生在学习方面的状况与要求，因此能有针对性地对学习材料进行搜集与挑选。并且，系统中心必须及时更新视频和各种时事资源，而这与教师的认真劳动有着密切的联系。此外，由于在专业方面具有一定的限制，外语教师在对关于 EAP 教学的资料进行搜集时，有时会碰到其他学科的专业资料，因此外语教师应该同专业课教师保持密切的联系。

在学生自主学习过程中，教师发挥着重要作用。尽管自主学习为学生学习语言提供了很大的便利，但也面临着监督乏力、指导不力的问题。在高校扩招的大背景下，高校学生人数大幅增长，教学占据了教师的大部分精力，因此自主学习中心无法安排专业的辅导教师。然而，当前很多大学生仍然对教师有很强的依赖性，有的学生在挑选学习素材时仅关注相对简单的部分。因此，为了使学生的自主学习水平得到增强，教师必须发挥引导作用。教师应该鼓励学生在自主学习中心学习时制定具体的学习目标与学习计划，认真挑选学习材料与方法，管控学习进度，评估自身的学习成效。在此过程中，教师应该将各种问题迅速反馈给学生，使学生慢慢体会到自主学习是课堂学习的拓展，而不是无关紧要的。教师不仅应该教授学生语言文化技能，还应该作为研究者指导学生对学习与探究的方法。

3. 提升自主学习中心的管理水平

只有全体工作人员一起努力，自主学习中心才能正常有效运转。首先，技术人员应为硬件设施提供维护工作；其次，只有全院领导和教师同心协力，中心才能正常运转。领导进行整体规划，教师则承担方案的推行和在推行时寻找问题，对有关数据进行收集，为接下来的调整奠定基础。此外，信息交流应该有畅通的渠道，只有如此，上级领导的要求才能顺利传达，中心的运转状况也才能明确地呈现出来。

高校英语的教学和改革在信息化的推动下有了长足的进步。高校英语教学在自主学习中心的协助下变得更加生动活泼，同时也面临着更多的挑战。自主学习中心使传统的教学模式发生了很大的改变，为学生提供了极为丰富的学习资源，推动了学习方式朝个性化方向发展。然而，自主学习中心建设不是为了使教师获得更加充裕的休息时间，相反需要教师付出更加辛勤的劳动。学校和学院应该在资金与政策方面提供更多的支持。唯有调动教师的积极性，全员参与，才能确保达到更好的教学效果。

第三节　高校英语教师专业化发展路径

一、信息技术对高校英语教师专业化发展的作用

（一）信息技术对高校英语教师个体发展的促进作用

信息技术作为最先进的现代教育技术，为高校英语教师的专业化发展提供了有利的平台。

1. 信息技术为高校英语教师专业发展创设基础性平台

信息时代要求人们必须具备基本的信息素质。信息时代的教育要培养学生具有迅速筛选和获取信息、准确鉴别信息的真伪、创造性加工和处理信息的能力，并把学生掌握和运用信息技术的能力作为与读、写、算同等重要的基础能力。作为实施信息时代教育的教师，必须首先具备较高的信息素养。因此，学校的教育信息化建设，为教师的信息素养的塑造提供了基础性的平台，学校领导对信息化的重视程度、建设力度以及管理水平，直接影响了教师的信息素养的发展。

2. 信息技术为高校英语教师专业技能发展创设实践平台

对于基础教育课程改革，教师必须具备较为专业的教育教学实践能力和科研能力。通过计算机网络，教师可以最大限度地吸纳、借鉴成功的教育教学经验，并可将自己的教学实践成果与广大同行进行交流探讨。借助网络，参与诸如“××论坛”“教育在线”“网络日志”等教育教学探讨活动，可有效地提高自己的教育理论水平和教学研究能力。

3. 信息技术为高校英语教师专业发展创设资源平台

广义的信息技术，是指涉及信息的产生、获取、检测、识别、交换、处理、存储、显示、控制、利用和反馈等与信息有关的、以增强人类信息功能为目的的技术。然而，在新的信息技术革命时代，知识信息的呈现、传递与接收手段和方式相应地发生了质的变化。计算机网络技术的发展，更加丰富了知识的获取渠道，知识更多地以多媒体技术手段展现，实现了集成性、交互性、可控性、实时性、非线性等特征，为教师专业知识的发展构筑起了丰富的数字化知识资源宝库。

4. 信息技术为高校英语教师专业发展创设教育反思平台

信息技术为反思性教育实践提供技术、环境、资源支持，真正实现跨时空、低成本、高效率的教学反思和研究活动，提高教师的教育科研能力和实践能力。教师对教育实践的主动探求和反思，会推动教师的责任感和理论水平的发展，使教师对教育、学校以及自身的存在与发展有一个更深刻的理解。同时，借助于网络，广大教师可以针对国际、国内教育发展的倾向以及名校、名师的教育实践有一个及时了解，从成功教育典范身上受到启发，树立远大的目标，激励和促进自身的发展。

5. 信息技术为高校英语教师专业化创设终身发展平台

教师专业化的成长是一个终身学习和终身发展的过程。现代远程教育为教师的终身学习提供了数字化、网络化学习环境和资源。通过现代远程教育，教师可以选择任何时间、地点、进度、方式，选择自己需要的内容进行自主学习；教师还可进行异地交流讨论、协作研究，实现合作学习。现代远程网络教育不同程度地满足了每位社会成员的学习需要，为构建学习型社会和终身教育体系发挥了重要的作用。

（二）信息技术对高校英语教师群体发展的促进作用

每位教师都属于特定的教研室、学科组或年级组等，这些群体发展状况与教师个人的发展密切相关，教师个人的发展是建立在群体发展的基础上的。目前，教师专业发展开始出现了群体发展的模式，这也是教师实践共同体概念的核心；而教师个体发展又是教师群体发展的最终目标。因此，教师群体知识管理是在教师个体知识管理基础上实现的个体知识交互和个体协作发展。

1. 有助于建设基于信息技术的协作环境

与教师个人知识管理相比，教师群体的知识管理是一个更为复杂的系统工程，涉及技术、组织结构与文化各个方面。以知识管理作为其中的主要手段，不仅可以有效地实现教师专业知识的集中管理和应用，还可以使教师个人的知识管理与教师群体的知识管理实现衔接。目前，大量的社会性软件应用于教师专业发展过程中，教师群体的知识得到了更为有效的管理和运用，教师“实践共同体”之类的概念也变成了现实。

组织知识管理的技术环境往往是一个基于网络的系统，这使系统的进入变得更容易，同时也降低了系统的使用难度。为了方便教师的交流和讨论，也为了能够更好地进行个人知识的互相共享，应该尽可能地利用学校网络教学平台，或者利用互联网提供的博客等协作和反思工具的免费空间。

2. 有助于构建基于网络的实践共同体

所谓实践共同体，就是由有着同样的目标、同样的工作或者同样的兴趣的一群人组成的一个非正式的团体，在这个团体中，每个成员都可以就他们共同关注的问题进行讨论，从而促进知识共享，加深对问题的看法。

实践共同体能够让许多对同一个目标感兴趣的群体进行有效的讨论和协作。事实上，教研室、学科组甚至班集体也可以说是一个实践共同体。传统的教师学习是教师独立进行的学习，短期培训班、研讨会模式有助于教师在团体的推动下积极学习，但其后续的反馈、支持相对比较困难，因为教师很难将有关自己教育教学实践的反思与其他教师进行讨论。基于网络的教师实践共同体，能够很好地解决上述问题，从而使虚拟实践共同体得到比较广泛的应用。虚拟实践共同体是虚拟社区的一种。所谓虚拟社区，是一个围绕某种兴趣或为达到某种需求而通过计算机网络交互方式进行交流和活动的共同体。虚拟社区的形成突破了原有的地域限制，以及早期社区概念所强调的血缘关系限制，那些拥有共同的兴趣爱好或共同的价值理念的人们只要依托邮件、新闻组和网络论坛等简单的交流工具，就可以形成稳定的虚拟社区。显然，虚拟社区的形成突破了原有的地域限制，它的出现从根本上改变了人们的生活方式，尤其是交流方式，网上生存成为一种与社会生存并行的重要生活方式，对人们的心理和行为产生了重大的影响。

通过网上的教师实践共同体，教师能够围绕共同的目标进行合作，交互地进行决策和行动，共同进行探究。为此，对教师来说，应该充分尊重多元化的观点，积极参与群体的讨论和协作过程，这种和谐的学习环境可为教师个体提供更多的相互学习和借鉴的机会，促进新知识的形成，开发教师个体的成长潜能。

3. 有助于树立知识共享观念

从组织角度来看，个人层次的学习远没有组织层次的学习重要，也就是说，人与人之间的交流学习才是组织发展关注的焦点。加强人与人之间的交流学习的实质就是知识共享，因而如何创设这样一种文化氛围，是组织知识管理所要考虑的问题。为了创设知识共享的文化，必须重视以下问题：

（1）学校层面应该首先提供一种合作与信任的环境和组织文化。竞争的环境是很难让人有共享的意愿的，因而要推动知识共享，必须建立一个合作的相互信任的环境。

（2）吸收外部最新知识并积极共享。每位教师都应该努力学习和获取最新的教育教学理论，并将此共享给学校或者所在教学组织的其他成员。

（3）要以实际的行动来进行创新。一个保守的系统里面能够涌现大量的新知识，是以教师的实践和反思为基础的。因此，每位教师都应该将自己的实践和反思与其他教师共享，并形成一个良好的习惯。

信息技术对群体专业发展的影响体现在新的组织结构与文化氛围的形成。教师实践共同体是目前教师专业发展中一种比较常见的组织形式。在网络技术的支持下，这种形式突破了传统组织结构中的不足，采用一种扁平化的组织形态，围绕明确的目标行事，能快速响应变化的环境，为教师专业发展提供了一个高效的环境。同时，在这样的组织中，也可以形成一种知识共享的文化氛围。由于有同样的目标，分享同样的兴趣，因此只有每个人尽量在共同体内分享知识，才能实现其共同的目标，进而创造出新的知识。

对教师组织来说，信息技术的导入可能会引起原有组织结构的某种不适应，因此，为了更好地发挥信息技术的作用，重塑组织结构也是不可或缺的。

二、信息化环境对高校英语教师专业发展的要求

（一）全新的专业知识要求

传统的教师专业知识主要包括文化素养、专业学科知识、教育学科知识。显然，在信息化环境下，专业知识还应该包括高度的信息素养，因为它是信息时代下所有人都必须共有的素质。但是，从教师的职业视角来看，仅仅拥有普遍意义上的信息素养是远远不够的，还应该形成将信息技术与本职工作相整合应用的素养，即信息化教学设计与实施能力、技术支持的专业实践能力等。具体而言，在信息技术环境下，高校英语教师的专业知识还要包括以下要素。

1. 基本的信息素养

高校英语教师必须掌握现代教学技术，具备信息素养，这是信息时代改革英语教学和提高英语教学质量的关键。具体而言，高校英语教师信息素养包括以下四方面内容。

（1）信息意识

信息意识是人们对各种信息的自觉心理反应，是人们对客观事物中有价值信息的感知能力、判断能力和运用能力的综合体，即对信息科学正确的认识和对自己信息需求的自我意识。信息意识有三种表现形式：对信息具有敏锐的感受力；对信息具有持久的注意力；对信息价值具有判断力和洞察力。高校英语教师需要对教学信息有敏感度；能意识到信息对创设英语语境的重大作用，了解什么信息能够促进英语教学；具有获取有利于教学的信息的意识；具有将信息与英语教学整合的意识。

（2）信息知识

信息知识是指一切与信息有关的理论、知识和方法，是人们在利用信息技术工具拓展信息传播途径和提高信息交流效率中所积累的认识和经验的总和，是进行搜集信息、加工信息、利用信息等信息行为的原材料和工具。信息知识包括基本信息常识和技术性知识。例如，网络信息知识，是指人们对网络信息本质、特性和常识性的一些网络基本知识的了解；网络信息技术专业知识，是指对网络信息方法、网络信息技术的了解和掌握。

（3）信息能力

信息能力是信息素养的核心，是指人们有效利用信息设备和信息资源获取信息、加工处理信息以及创新信息的能力。高校英语教师的信息能力是信息素养的核心，可细分为以下七种类型的信息能力。①获取能力：运用 ICT（信息和通信技术）获取英语教学资源的能力，包括信息的检索和下载；②评价能力：运用 ICT 客观评价英语教学资源和学生英语学习情况的能力；③处理能力：运用 ICT 对英语教学资源进行教学加工的能力；④管理能力：运用 ICT 对英语教学网络和本地资源进行收集、组织、整理和储存的能力；⑤整合能力：运用 ICT 辅助英语课堂教学的能力；⑥交流能力：运用 ICT 与专家、同行和学生进行英语教学经验交流的能力；⑦研究能力：运用 ICT 进行英语教学研究的能力。

（4）信息道德

信息道德是指涉及信息开发、传播、管理和利用等方面的道德要求、道德准则在信息素养形成过程中，信息道德担任着道德规范和监督制约不良信息行为的角色信息道德作为信息管理的一种手段，与信息政策、信息法律有密切的关系，它们各自从不同的角度实现对信息及信息行为的规范和管理。信息道德包括著作权、合法性和道德规范等问题。信息道德规范的目的是教育人们尊重别人的劳动成果，不恶意窃取，遵循一定的信息伦理与道德准则，规范个人信息行为素质。

2. 丰富的信息化实践知识

当前，信息网络呈现出不断扩展的趋势，教育也要加快信息化的进程，这就要求未来的教师要将教会学生获取信息知识的本领、把学生培养成为信息化的人当作主要的任务，但要培养出“信息化的学生”，就要有“信息化的教师”，因为教师负有指导学生学习的任务。因此，在信息化环境下，涉及技术及其应用的教师实践性知识的探索就显得尤为重要。

教师实践性知识不仅包括表现出来的行为，还包括行为背后的信念与意识。教师实践性知识是指教师在具体的日常教育教学实践情境中，通过体验、沉思、感悟等方式来发现和洞察自身的实践和经验之中的意蕴，并融合自身的生活经验及个人所赋予的经验意义，逐渐积累而成的运用于教育教学实践中的知识及对教育教学的认识，它实质地主导着教师的教育教学行为，有助于教师重构过去经验与未来计划，从而把握现时行动。

据此，信息化环境下的教师实践性知识，也被称为“教师信息化实践性知识”，是指教师基于自身教育教学的需要，在具体的日常教育教学实践情境中，通过体验、感悟、反思和提炼所形成的运用信息技术相关技能及教学理念处理教育教学问题的认识，并且这种认识会自觉地指导自己的惯例性教育教学行为。

顾名思义，教师信息化实践性知识是教师个体所拥有的实践性知识，也就是教师在应对信息技术教育情境中生成的关于“如何做”的相对稳定的策略性认识体系，是指教师在具体的日常教学实践过程中，通过体验、反思等多种方式来发现信息化教学实践过程中的意蕴，且结合自身的生活经验，逐渐积累而成的对信息化教学的认识，并且将这种认识用于指导自己的学科教学实践的知识。具体而言，教师信息化实践性知识受教师工作环境、教育对象和教学内容的影响，是教师特有的一套服务于在信息化环境下开展教育实践的综合性知识，是教师在教育教学实践中生成并不断建构形成的教育经验体系与教学智慧素养。它既包含可言明的显性知识，也具有缄默的隐性知识特性。它应用于实践，贯穿于实践，指引和规范着教师的言行，将实践活动不断推向自身教育信念所预设的目标状态。

教师信息化实践性知识生成之后并不是稳定的、长期不变的，而是根据当前遭遇的问题情境与之前的个人经验灵活组合，在复杂、动态的实践场景中表现出一种惯常性倾向，是随着信息技术的发展而发展的。它在静态上反映了教师实际上对信息技术支持的教育教学的认识，在动态上反映了教师根据自身教育信念，筛选并组织相关理论性知识，合理运用能力去开展信息化教育活动，实现预期目标的行动意识，是一种行动准则。

教师信息化实践性知识的形成和发展依赖应用信息技术的意识及实践，是由实践经验转变而成的指导个人教学行为的规律性认识，主要包括教学信念和教学技能两个层面，具体表现为教师在教育教学过程中，具有自觉应用信息技术的意识，运用信息技术解决教育教学问题已成为一种日常教学习惯。从内容维度构成来说，教师信息化实践性知识包含教师信念、信息技术知识、信息化教学策略知识、信息化环境中的学习者知识、信息化教学评价知识等；从整个教学过程来说，它贯穿于教师备课、上课、作业检查与批改、课后辅导及学习评价各个环节。教师信息化实践性知识决定了教师的教育行为，影响着教师的教学效果，它既是教师个人专业发展的知识基础，也是教师群体专业化地位提升的知识依据。

（二）新的角色要求

信息时代的到来不仅迅速改变着人们的生产方式、生活方式、思维方式和学习方式，也给教师的工作和自身角色带来了挑战和机遇。在信息化环境教学下，高校英语教师运用现代教学手段和教学方法，改变了传统的教学理念和教学模式，在保持普通高校英语教师角色的同时，还要担当以下角色。

1. 有效主题教学模式的设计者

在信息化环境下，英语教学要求教师探讨和设计新的教学模式和方法，既要充分发挥网络的优势，又要能提高学生的学习效率。英语教学内容的主题教学模式是从现实生活中选取学生感兴趣的热点话题，进行英语语言问题探讨活动，从而自然习得英语知识与技能。整个主题模式教学围绕某个主题进行主题小组分散讨论、专题搜索阅读和集中讨论，最后以专题写作形式结束单元主题教学。教师在运用网络技术辅助参与讨论时，要合理安排课堂教学内容和网上资源的占有比例，通常阅读和写作可放在网络自主学习中，答疑解难、讨论和讲评可以在课堂上进行。

在信息化环境下，教学的每个主题都可以在网上查到丰富的相关资料，包括有关的背景知识和最近的发展动态，学生可以对自己搜索的资料进行整理总结，得出个人的见解和结论，然后和其他同学展开交流讨论，这样才可以摒弃课本对学生的束缚，拓宽延伸学生的知识面，提高学生参与话题的兴趣和积极性。在这种学习模式下，为了帮助学生迅速查到相关资料，避免耗费过多时间，教师可以在学习网站上链接常用热点与新闻网址，帮助学生接收更多的国内外新闻知识；为了帮助学生了解英语学习信息，教师还可以介绍英语国家的主要报纸杂志的网址。另外，可以下载一些具有前沿性、争议性的资料，引导学生跟踪报道的欲望和挑战意识。当然，对于一些敏感话题，教师要及时进行正确引导，特别是有关国家民族尊严的话题。

2. 交互机制实施的促进者

应用语言学家认为，语言习得的关键在于交互活动，意义协商和语言输出都包括在这一活动之中。而计算机网络为高校英语学习的交互提供了更大便利，教师作为网络交互学习实施的促进者，要组织指导和激发学生参与主题单元任务的交互活动。比如，利用网络论坛发布教学内容和布置学生任务，为学生查找资料和分析解决问题提供指导；也可利用QQ、微信等现代通信方式就某个专题和学生进行交流，这样既节约了教师的时间，也满足了学生希望教师批改作业的要求。这些网络交互活动可以是即时性的，也可以是延时性的，学生可以在留言板或者论坛中提出问题和求助，其他同学可以参与讨论交流并给出问题的答案和帮助；就每个问题或者章节，教师可以给出自己的见解或总结性发言，做一个参与者和评价者，平等地参与讨论交流并适当给出指导性的建议。

3. 网络信息的搜集分析者

随着大规模在线公开课程的使用，大量的名校课程可以免费获取，学生进行学习的途径有了更多的选择，但这对高校英语教师提出了更高的要求。数字教育平台的建立使各门课程的网络学习者即时产生，网络课程库的信息海量、飞速、纷繁复杂地被捕捉储存起来，其中包括学习者的每个学习步骤，如时间的长短、测试的成绩、参与讨论的频率和方式等细节，通过搜集、挖掘、分析这些学习者的海量信息，能准确把握学习者的特征、学习效果，预测适合学习者下一步的学习内容和学习形式，真正做到因材施教，为每位学生量身定做个性化的学习计划和模式。作为大数据的挖掘分析者，高校英语教师必须掌握大数据分析的方法，包括机器学习、模型预测、可视化、比较优化和数据挖掘等。机器学习是一门多领域交叉学科，涉及计算机、统计学和概率论等，目的是设计对已知数据进行自动分析、查找规律进而预测未知数据的方法。数据挖掘包括监测式学习和非监测式学习，监测式学习分析方法需要对大数据进行分类、评估。模型预测是建立数据变量模型，通过对照比较模型来预测学生未来行为的一种分析方法。可视化是将大数据进行标签编辑，便于查找分析预定的目标，可视化是进行大数据分析的有效手段。

4. 在线学习系统的建立者和学生学习过程的监控调节者

网络技术为学生自主学习提供了便利条件，调控、提供个别辅导和帮助学生自主学习成为教师的主要任务。

在网络辅导教学中，要想实现对学生有效的调控和个别帮助，首先要建立一个完善的在线教学系统。这个系统至少应包含教师端和学生端，学生通过学生端填写个人信息，按照班级向教师申请加入系统；教师通过教师端核查信息，确定无误后批准学生进入学习系统。学生可以根据各项指示导航在课程信息中获得相关学习资料，如在“单元测试”中进行自我测试和训练，在“家庭作业”中提交个人作业；还可以通过“师生论坛”和电子邮件与教师及其他同学联系交流。教师只要登录教学系统就可以查看学生的测试作业，并在网上进行批改回复，还可以浏览“师生论坛”和电子邮件，以了解学生的自主学习和参与网上交互的情况。

与传统的课堂教学模式相比，在线教学已成为课堂教学的延伸和补充，通过系统记录和处理，教师可以综合比较学生的记录，既可以获得单个学生的变化成长记录，也可以得出学生间、班级间的差别比较，从而迅速、直观、动态地了解学生学习状况。在网络教学系统中，建有“管理员”模块，在一个或者几个年级中开展网上教学活动，管理员负责系统中的关键性因素，如班级、课程、用户信息的添加与修改，不断地调整以保障整个学习系统的正常运行。整个学习系统通过联系网管、聊天室和网络论坛进行教、学、管理三方面的交互活动、学生对教学内容、方法和任务的见解和看法都可以在系统中做出反应和反馈。教师端成为教师的个人网站，教师可以传递授课内容、发布通知、布置作业任务、进行网上交流和信息反馈等。在网上教学实践中，网络学习的效率和网络资源的利用率取决于教师的具体操作与设计，以及如何调动学生参与网上自主学习的积极性。

进入网络时代，随着网络日益渗透到英语教学中，高校英语教师必须成为有效主题教学模式的设计者、交互机制实施的促进者、大数据的搜集挖掘和分析者以及在线学习系统的建立者和学生学习过程的监控调节者，高校英语教师的角色应更加多面、全能、高端。

（三）新颖的教育理念与高效的科研能力

1. 新颖的教育理念

网络环境下，语言的学习过程就是教师和学生双方相互作用的过程，教师和学生都是主体，教师是教的主体，学生是学的主体。因此，互动学生主体课堂理念不仅没有否定教师的作用，反而更加强调教师的指导管理和监督作用，教师发挥着愈加重要的作用。在这种教学理念下，作为教的主体，教师要发挥指导作用，课前必须搜索相关的教学材料，设计有效的语言活动主题，并布置课堂活动任务，调动和激发学生的参与热情，让学生课下做好充分的准备，包括上网搜集资料和课下交流讨论等。课堂交流活动可以是分组活动，也可以是个人展示；可以制作 PPT 课件，也可以播放视频；可以先讨论再展示，也可以个人先陈述观点，然后同学之间相互讨论，最后教师进行点评。在网络互动平台上，实现师生、生生互动的课堂延伸活动，完成教师的监测环节，将学习活动任务在教室和网络空间搭建成互相促进、互相补充的统一整体。

2. 高效的科研能力

教学理论来源于教学科研实践，科研实践是检验科研理论和再次形成科研理论的基础。教育教学要把科研和教学实践结合起来，教学实践要由一定的科研理论做指导，同时新的科研理论方法产生于教学实践，二者互相补充、互相促进、共同发展。每位教师只有在对教学深入研究的基础上，才能有所提高和创新，否则只能是重复机械的劳动。因此，作为高校英语教师必须具备高度概括和提炼教学过程而形成教育科学理论来指导未来教学实践的能力。

网络时代的高校英语教师，要具有一定的科研水平。这就要求每位高校英语教师除要了解基本的研究方法，如问卷调查法、教学实验法、文献法、访谈法外，还需掌握教育叙事研究、个案研究和行动研究等研究方法。高校英语教师可以根据自己研究的需要，选择适合自己的研究方法。另外，高校英语教师还应具备网络信息搜集、信息分析加工和信息反馈等方面的能力，并且具备进行大数据搜集和分析的能力。

三、信息化背景下促进高校英语教师专业化发展的思考

（一）英语教师专业化要合理协调好信息技术与传统教育之间的关系

“信息技术”这一概念所包含的内容较为宽泛，一方面涉及随着社会生产力发展与科学技术的发展在教育领域之中的运用，另一方面包括新的教育理论、教育新思维以及新的教学手段。多媒体网络语音室是伴随着信息技术在教育教学中的普及，以及计算机网络技术的日趋成熟而产生的。在高校教学改革中，信息技术提供了强大的技术支撑。信息技术应用并不排斥传统的面授，而是更重视应用计算机和网络的教学模式，从教师讲、学生听的教学模式转变为以计算机网络、教学软件为主的个性化和主动化的教学模式，以多媒体网络技术为基础的信息技术应用，将在高校英语教学中发挥越来越重要的作用。

新形势下，对于高校英语教师专业发展来讲，其面临的主要问题是要正确认识传统教学方式与信息技术应用之间的区别与联系，并有效进行运用，进一步丰富和拓展教学内容及模式，进而获得最优化的教学效果。

传统教学与信息技术教学之间的差异主要体现在教学模式、教学方法、教学内容上。传统教学模式是以教师、黑板、教科书、学生等为主的讲授式教学，注重教师的主导作用，课堂活动也是以教师为主体。在这种教学模式下，学生基本上是被动的接受者，学生的个体差异性得不到充分发挥。信息技术教学模式是以网络、计算机、教学软件、音频等为主的多种新技术、多层次、多角度的立体式教学模式。以学生为主体的课堂活动使教师需要担任三种任务角色，即课堂的设计者、组织者、引导者，这样不仅发挥了教师的主导作用，而且更充分发挥了信息技术的功能和优势，进而充分尊重了学生的个体差异。另

外，信息技术教学创设了新的教学环境，实现了有效教学，在网络教学环境下，教师逐渐较少使用黑板和粉笔，而多采用PPT、电子邮件、视频等多种方式进行教学。此外，很多高校还开设了自主学习平台。总而言之，现代技术打破了固定教学场所的限制，使学生从传统的课堂学习走向无限的学习空间，学生的学习不再受时间、空间与地域的限制。

传统教学与信息技术教学是相互关联、相互作用的。信息技术促使教师要更新教育观念，转变教育手段。信息技术教学以其独特性、先进性、高效性著称于世，然而要想真正发挥它的优势，就必须根据教学内容的实际需要合理使用信息技术。信息技术教学内容、模式、手段都必须符合教学目标，服务教学目的。教学中的教师、学生与教学内容、手段要相互联系、相互配合，因此应用信息技术的内容应包含在教学内容里。信息技术与传统教育技术间的关系是互为补充、互为监督的，这样可以防止出现过度依赖某种技术的现象，或者不科学地利用信息技术对教师专业化进程的发展造成不良影响。例如，部分教师在课堂教学中过度追求视觉上的新鲜感与娱乐性，在课件中插入大量的图片和视频，分散了学生的注意力，或者无法在规定的时间里展现全部的教学内容，从而使教学效果大打折扣。因此，在教学实践中，首先要对教学内容进行深入的研究，并在此基础上合理使用信息技术，只有这样，才能真正发挥信息技术对教学的辅助作用，实现课堂教学效果的最优化。

（二）英语教师专业化意识的培养与信息技术能力的习得要统一

英语教师专业化意识的培养是全面提高高校英语教师素质的一个重要环节，也是高校英语教学改革的重点。作为一个与国际接轨程度很深的学科，在高校英语的教育教学过程之中，个别教师仅以传授高校英语基础知识为基本目标，对信息技术的关注程度很低，并且随着年龄的增长逐渐失去了学习信息技术的热情，这对高校英语教学来说无疑是雪上加霜。加强高校英语教师的信息技术能力的培训与学习研究活动，将有利于高校英语教师专业意识的培养。从当前的教学实践来看，一所符合时代要求、适应现代教学需要的高等院校，必须是注重英语教师专业化、注重教学设备科技化的新型高等院校，会不断提高信息技术的应用能力。

在信息技术能力习得的过程中，高校英语教师将开阔视野，拓宽知识面，能从单纯的英语领域扩大到其他相关领域中，进而成为专业突出、知识丰富、技能全面的新型教学能手。因此，信息技术的习得能力在高校英语教师专业化能力中占有重要的地位，教师习得某项信息技术后会改变传统教育手段，从而激发学生的学习热情，提高教学效果。除此之外，对于新入职的高校英语教师来说，在信息技术的学习应用过程中，能够快速地从准专业高校英语教师向专业英语教师转变和发展，有利于快速提高教师素质和教学能力。

(三) 信息技术的发展要有利于加速英语教师专业化进程

信息技术条件下的网络多媒体是一门综合技术，具体是指将文字、声音、音乐、图形、动画和声像技术中的音频、视频等多媒体形式与计算机集成在一起，并从逻辑上将这些媒体形式进行连接，便于更为生动、复杂的信息的传递。其具有多方面的优势，主要表现在以下四方面：第一，信息量大，且图文并茂，内容丰富；第二，传递速度较快；第三，具有多样化的信息载体形式，如音频、视频等；第四，集开放性、交互性、自主性、生动性和个体化于一体，能使教学效果得到有效提高。当然，这也对高校英语教师专业化发展方向和提高教育技能提出了更高的要求。

随着信息技术的发展和应用，高校英语教师利用网络和信息技术软件，既可以随时随地地对西方社会文化知识结构进行系统与全面的了解，也能全面加速和提高学习应用信息技术的能力和水平；既能有效转变传统教学中内容和教学手段，也可以丰富学生的学习内容、学习技能；既可以提高英语教师教学能力和水平，也可以全面提高教育教学的效果。实践证明，在教育教学中充分利用信息技术开展课堂教学，是加快高校英语教师专业化、技能化的一个重要途径，是高校英语教学改革的重要内容。作为高校英语教师，应根据学生的年龄特点、所传授知识的不同层次与类型等选择相适应的现代信息技术，这样一方面有利于提高大学生学习英语的兴趣和技能；另一方面也有利于英语教师自身的知识储备与英语授课技能的提升，进而有利于促进高校英语教师的专业化发展。

第四节 高校英语评估体系的多元构建

高等教育具有大众化、信息化、网络化的特点，这就对高校英语教学提出了全新要求。这不仅是教学模式的变革，更是重要的评价理念、评价方法以及评价实施过程的变革，不断健全、完善科学的评价体系。将多元智能理论应用在教学实践中，为教育教学改革提供了一种全新的视角。实践证明，构建基于多元智能理论的评价体系对提高教学效果及学生各方面能力具有积极的现实意义。

一、理论基础

多元评价的教学理论最初是由美国哈佛大学心理学家霍华德·加德纳提出来的，这一概念以他提出的全新的人类智能结构理论——多元智能理论为基础。[①] 他认为，人的智力包含语言智能、数理逻辑智能、音乐智能、空间智能、身体运动智能、人际交往智能、自我认识智能和自然观察智能八项，是彼此相对独立且以多元方式存在的。多元智能理论的本质承认人的智力是多元的，是多维度地表现出来的。这就要求教师在教学中根据课程性质、教学要求、教学对象和教学内容采取灵活多样的评价方式，以自由的教学情境为基础重视不同学生在认知和思维上的差异，强调以学生为中心，鼓励学生发挥主观能动性，培养学生的多元智能，实现对学生知识、能力、素质等各个方面的多方位评价，从而促进科学的教学改革方式的形成，提供改进教学的信息，并最终保证学生全方位的发展。

建构主义理论也对多元评价的教学理论产生了重大影响。建构主义认为，学生不是外部刺激的被动接受者，而应是知识意义的主动建构者；教师不是知识的灌输者，而是学生主动建构知识意义的帮助者。学生应自我监督、自我测试、自我反思以检查了解自己建构新知识的过程及成效，从而随时改进学习策略，达到最终的学习目标。因此，在教学中，教学评价的主体应该是学生，包括学生的自评和互评，应让学生积极参与学习过程，而不仅仅是教师的评价。同时，评价不仅要评价学生学习的结果，还要全方位地评价学生的学习过程。

二、网络环境下多元评价体系的构建原则

无论是现代教育理论还是高校英语网络教学本身的特点，都要求高校英语网络教学评价是一个多元、平衡、动态的评价体系，这样一个评价体系的构建应该遵循以下原则。

（一）形成性评价与总结性评价相结合

目前，多数高校在实际操作中所采取的评价仍然是总结性评价占比较大。有的教师则提出新的评价体系应以形成性评价为主。其实，教学评价并没有固定的模式，关于形成性评价与总结性评价所占的权重问题应该以符合本校的实际情况为基础，以促进教学质量提高的原则而制定。

（二）定性评价与定量评价相结合

测试和量化打分是传统教学评价中常用的方法，在形成性评价中，有一部分内容是很难量化的，如学习表现、情感态度、学习策略等，对于这部分内容的评价宜采取定性评价的方法。

---

① 周鹏来. 多元教学评价体系的构建. 当代教育论坛：学科教育研究，2006（6）：2.

（三）评价主体多元化

评价主体的多元化包括学生的自我评价、教师对学生的评价、学生互评和网络系统的评价。关于学生的自我评价，主要是看学生进行自我评价的态度和评价的及时性。教师对学生的评价分为可量化的内容和激励性的内容两部分：课堂表现、第二课堂活动表现、随堂测试、单元测试是可量化的；而对学生的口头评价、书面评语等则主要涉及学生的情感态度、学习策略等，起的是警醒、建议或激励的作用。对于学生互评，教师要制定评价标准，严格控制，规范操作，避免流于形式。网络系统的评价应具有客观性、高效性，教师必须熟练掌握网络教学管理平台的操作，事先设定好系统评价的内容和权重。

（四）评价内容多元化

评价内容的多元化包括对学生智力因素的评价和非智力因素的评价。对智力因素的评价内容主要包括英语知识、英语应用能力和跨文化交际能力；对非智力因素的评价内容主要包括情感态度、学习策略和意志品格。以往的教学评价片面注重对学生学习效果的评价，特别是对英语知识掌握程度的评价，忽视了对英语应用能力、跨文化交际能力的评价，更忽视了对学生情感态度、学习策略和意志品格的评价。

（五）评价形式多元化

评价内容的多元化必然要求评价形式的多元化。形成性评价可以采取随堂测试、单元测试、计算机辅助的口语测试与听力测试、第二课堂英语竞赛、英语演出等方式对学生进行英语知识、应用能力、跨文化交际能力的评价；采取电子档案式自我评价、教师口头与书面评语、教师对学生的阶段性建议等形式评价学生的情感态度、学习策略和意志品格。对于学生的非智力性因素的评价也可以采用定性的方法纳入量化的范围。总结性评价一般通过期中和期末两次考试进行，主要注意的问题是考试内容的设计要体现对学生基础知识和综合应用能力的全面考核。

（六）评价手段智能化

评价手段智能化即实施计算机辅助评价。计算机辅助评价（CAA）是科学的评价理念与现代教育技术相结合的产物，即利用高校英语网络化教学平台的评价功能模块，设置评价的内容及权重，自动统计每次评价的结果，自动生成结果，并导出 Excel 表格。智能化评价系统可以大幅度增加形成性评价的可操作性，从而减轻教师的工作量。

（七）评价的可操作性

理论上的论述不等于实际的操作。理论上的论述只是为实际操作提供了若干可能性。理论上看起来再合理的评价模式，离开了人的操作后也只是一纸空文。高校英语网络教学评价体系的建构不在于表面看起来形式多么花哨和新颖，而在于它的实际功效。在实际教学中，到底采用什么样的教学评价模式归根结底要依据本校的实际情况，要本着促进英语教学质量的提高和符合教师的接受能力的原则而定。

三、基于信息技术的英语教学评价体系的改进机制

信息技术（Information Technology，IT），是主要运用于管理和处理信息所采用的各种技术的总称。目前，基于互联网和校园网的高校英语教学网站建设基本包括三大部分，即课程学习系统（如教学 PPT 课件、教师电子教案、教学大纲等）、课程拓展系统（如与课程相关的音频、视频、图片、网站等资料库）和教学交互系统（如课程论坛、在线测试等）。三大系统各个模块之间可独立运行，但又相互支撑。其中，课程学习系统和课程拓展系统的应用，弥补了以黑板和教科书为主要介质的传统英语课堂的不足，在传授语言知识的同时，能更好地创造语言情境，进行多任务教学，从而加强学生语言技能的培养，即实践能力。从某种程度上说，信息技术在英语课堂教学上的优势和所取得的教学效果是传统课堂难以实现的。相比之下，在教学交互系统的设计与建设上，信息技术的优势并不明显，与前两大系统（课程学习系统和课程拓展系统）的交叉较少，较难达到传统课堂上师生及生生之间实时的、有针对性的交互效果。具体而言，基于信息技术的高校英语评价体系的构建应包括以下方面。

（一）搭建基于课堂活动的师生交流平台

按照人本主义教育家的理论，在教学中，师生关系应该是主体与主体的关系，而不是主体与客体的关系；是平等的、朋友式的，而不是隶属的、领导式的。这一点在教学评价体系中尤为重要。教师应充分信任学生能够认识自己的潜能及不足，尊重学生的个人评价以及学生对教师给定评价的反馈信息。

在信息技术的支持下，通过数据库的建设，学习网站可以记录学生每次的学习情况，开展师生间关于学习情况的交流，即评价—反馈—再评价—再反馈，按照需要反复进行。通过交互性的评价与反馈，教师可以了解学生的内心及教学需求。

基于课堂活动的师生交流平台除具有交互的特点以外，同时具有即时性，并贯穿于每

个网络教学环节，即交互系统延伸至学习系统和拓展系统的每个模块，使三大系统有机融合。例如，在课程教学演示中，每页幻灯片除了知识点的介绍、讲解外，同时包含师生即时交流平台的链接。在即时交流窗口下，学生可以就学习主题向教师提问，可以以截图的方式提交学习进展情况，可以接收教师的评价，可以对教师的评价做出反馈；教师通过远程监控，可以了解学生在线登录后学习的实时情况，对学生进行指导、评价，接收学生对评价的反馈信息。再如，在线测试模块中，除提供习题、参考答案、答案讲解、答疑留言板外，还可包含即时在线答疑链接。在即时交流窗口下，学生可以和教师进行探讨，也可发起和在线学习的学生之间的讨论；针对可能出现的普遍性或共性的问题，系统可提前设定相同的自动即时回复。

（二）建立学习活动的动态监控评价系统

学习是一个动态过程，本书提出的学习动态监控评价系统是基于档案袋评价理论进行构建的。档案袋评价是指在某个过程中为达到某个目的所收集的相关资料的有组织的呈现。电子学习档案袋可对学生在线自主学习过程进行记录，其包括如下内容：教师和学生一起设计的总体和阶段目标、即时交流窗口的评价及答疑聊天记录、自测成绩记录、上传的书面作业、上传的非网络环境学习行为及获奖情况等。

电子学习档案的建立由教师与学生共同完成，每个电子档案只能为教师及该生本人进行管理。电子学习档案袋展示了学生在学习过程中所取得的进步和成绩。通过这一过程，学生可增强对自己的自豪感和自信心，也可帮助教师观察其他学生所采用的学习策略。例如，教师可以根据高校英语课程的性质，设计网络学习活动记录的电子清单，要求学生注册学习账号，登录账号后，电脑根据后台所设定的评价标准自动记录学生在学习过程中电子清单上的所列项目，将成长值的变化即时提供给指定人群。电子清单以登录学生的姓名和登录时间命名，在退出登录时，可自动保存进电子学习档案袋。教师需要根据设计电子清单的考查项目（如学习态度、交流活跃程度、提问活跃程度、进步程度、综合表现等）及考核等级，并且综合学生的情况，设定后台评价标准。

（三）根据实际情况设定不同的评价标准

不同的评价标准主要是指来自不同的评价者的评价。基于互联网和校园网的在线自主学习，为学生提供了大量的语言实践机会，同时也拓宽了评价者的范围。学生可通过浏览网页，搜索课程相关问题，选择涉及语言各个方面的实践练习。例如，鼓励学生在网络环境下利用所学知识和英语能力，在线回答别人提出的关于词汇、句子或语篇的英汉、汉英翻译问题。关于翻译文本的质量，提问者会给出评价，学生也可参考其他人的相关回答进行自我评价。同时，学生也可将答题的网页提供给自己的教师进行评价，教师根据实际情况，确定各种评价所占的比例。

信息技术的实施赋予了高校英语教学评价活动新的特色，使评价活动可以更及时、更客观、更有效地促进教学活动的开展。但同时也要注意，网络交流不能取代当面指导，特别是师生间眼神和肢体语言的交流。网络环境下，教学评价体系中的情感因素缺失问题，是人们今后应该关注的研究方向之一。

四、网络环境下多元评价体系的具体内容

教学评价对于教学的促进作用是毋庸置疑的。基于多元智能理论，可以建立网络环境下的高校英语多元评价体系，以进一步全面有效地衡量教学效果。这一评价体系主要包括：对学生的学习过程进行形成性评价，根据学生的智能水平进行分层次评价，对学生的语言进步程度进行发展性评价。

（一）形成性评价

在评价内容上，教师首先通过调查问卷等多种途径鉴别学生的智能优势，并根据学生现有的英语水平，在教学中将人际交往、自我认知、视觉空间等智能融入英语课堂教学环节中；设计出涉及不同智能的教学体验任务后，根据学生对于各种任务的完成情况对学生的学习过程进行全面评价，将学生的课前预习情况、课堂参与情况、课后任务完成情况、网上自学记录以及在各种教学活动中的表现纳入评价范围，对其学习过程进行记录并及时反馈。同时，在教学中教师应对学生的优势给予及时关注并进行适当鼓励，帮助学生树立自主学习的自信心，从而产生语言学习的动力。在评价主体上，该评价方式将改变教师作为评价者的主体地位，评价的权利会适当转移到学生手中，以充分发挥学生的主体作用，减少学生在教学评价环节上的压力，使学生成为评价的参与者和反思者。在评价方式上，将实施学生自评、互评与教师评价相结合的方法，以增强学生的评价积极性，从而以评促学。

（二）分层次评价

教师根据学生的实际英语水平对其进行分组，在课堂教学中进行分层教学，在网上对不同层次的学生布置不同的任务和作业。教师应充分考虑学生语言智能实际水平的高低，实行因材施教，对于不同水平的学生给予不同难度的体验式教学任务，并且在教学后根据各组学生的智能水平设计相应难度的评价试卷。

（三）发展性评价

教师应将学生在每学期英语学习过程中取得的过程性测试结果进行整理，同时参考其每学期期末的终结性成绩及其在高校英语四、六级考试中的成绩，对其在不同学习阶段语言学习的进步程度进行评价。

五、网络环境下构建多元评价体系的意义

（一）利用多元评价体系的激励机制，充分调动学生的积极性

每个人身上都存在多种智能，学生之间不存在智力高低的差别，只存在智力类型的差别。每个学生都有自己的发展潜力，教师应根据学生不同强项和弱项智能地制定多元化的评价标准。这种评价应使所有学生都能体验到成功的快乐，从而树立自信心。同时，根据评价的激励机制，教师应以一种可接受的、非防御性的语气，通过积极反馈，用表扬、鼓励等方式来增强学生信心；通过给出建议，使学生意识到自己需要改进的方向，从而达到理想的评价效果。

（二）教学评价内容更加充实，极大地发展了学生的个性

多元智能理论表明，每种智能在人们的日常生活和工作中都发挥着独特的作用。教师应重视多元智能的影响并把它纳入对学生的评价体系。这样的评价方式对以往传统的评价体系是个很好的补充，可以使对学生的评价更加全面。对学生的评价只是基于他们对基本概念、基础知识的理解和应用是不全面的，更应关注他们在交往、竞争与合作意识等方面所表现出来的能力、态度、情感、价值感等。

（三）重视自评、互评的作用，构成多元评价主体

多元智能理论强调以人为本，强调评价的实效，强调促进发展。以多元智能理论为指导，师生能够相互理解和信任，在此基础上，可以形成以教师和学生为主体的多元评价体系。同时，将学生自评与小组内部成员互评方式结合起来，可使各类评价主体之间增强互动，使评价信息来源更丰富、评价结果更真实，也更有利于促进学生合作能力的发展。

评价体系是高校英语教学中一个不可或缺的环节，网络环境下的多元评价体系作为崭新的评价模式，显现出越来越多的优势和吸引力。但构建完善的高校英语课程评价体系不是一朝一夕的事情，它会随着英语教学的发展和教师理念的更新而不断完善，将在未来真正做到“以评促教，以评促学”。

参考文献

［1］陈亚轩. 高校英语写作教学理论与实践研究［M］. 长春：吉林大学出版社，2023.

［2］徐丽丽. 高校英语专业课程体系构建与教学改革研究［M］. 北京：中国书籍出版社，2023.

［3］申慧丽，刘鹏，杨洁. 跨文化视域下高校英语教学转型与创新［M］. 北京：中国书籍出版社，2023.

［4］姜霞. 高校商务英语教师学科教学知识建构研究［M］. 上海：上海交通大学出版社，2023.

［5］刘方方，岳宝华，禹琳琳. 教育信息化背景下高校英语教学理论体系的建构与探索［M］. 北京：中国书籍出版社，2023.

［6］王蜜蜜. 高校学术研究成果丛书高职院校英语课程改革研究［M］. 北京：中国书籍出版社，2023.

［7］郭孟媛，刘煜丽. 高校学术研究论著丛刊新时代大学英语教学理论创新研究［M］. 北京：中国书籍出版社，2023.

［8］施黎辉，付国伟. 高校学术研究论著丛刊信息化时代大学英语自主学习能力的培养研究［M］. 北京：中国书籍出版社，2023.

［9］王晓芬. 多元文化背景下的英语翻译研究［M］. 北京：中国书籍出版社，2023.

［10］苏婷婷，董霞，靳慧敏. 互联网背景下的大学英语教学创新研究［M］. 北京：中国书籍出版社，2023.

［11］刘玮. 跨文化交际背景下中国传统文化英语翻译与传播研究［M］. 北京：中国书籍出版社，2023.

［12］王景文. 跨文化交际与高校英语教学研究［M］. 长春：吉林出版集团股份有限公司，2022.

［13］周嫚，段潇乐，马燕. 高校英语教学的基础理论与应用研究［M］. 长春：吉林出版集团股份有限公司，2022.

［14］孙婕. 高校英语教学理论及实务研究［M］. 长春：吉林人民出版社，2022.

［15］金鑫. 高校英语公共教学与跨文化交际研究［M］. 北京：中国大地出版社，2022.

[16] 薛金梅. 文化全球化与高校英语跨文化教学［M］. 哈尔滨：北方文艺出版社，2022.

[17] 毛佳玳. 信息化背景下高校英语教学创新研究［M］. 杭州：浙江工商大学出版社，2022.

[18] 孙雯. 基于应用语言学理论的高校英语教学研究［M］. 沈阳：辽宁大学出版社，2022.

[19] 黄文静. 教海探航多元文化视域下的高校英语教学研究［M］. 北京：中国商业出版社，2022.

[20] 张云. 教育转型背景下的高校英语教育模式研究［M］. 北京：中国纺织出版社，2022.

[21] 韩海英. 新时代高校英语课程育人体系建设创新研究［M］. 天津：南开大学出版社，天津出版传媒集团，天津科学技术出版社，2022.

[22] 孙洋子，张海贝，杜凌俊. 高校商务英语写作教学与实践创新研究［M］. 长春：吉林大学出版社，2022.

[23] 尤广杰. 高校英语思政教育理论与实践汉文英文［M］. 北京：中国旅游出版社，2022.

[24] 陈伟. 高校英语教学策略创新与模式构建多维度研究［M］. 长春：吉林出版集团股份有限公司，2022.

[25] 夏珺. 高校英语教学设计优化与模式创新研究［M］. 长春：吉林人民出版社，2022.

[26] 林艳琼. 金苑文库教育前沿互联网+视域下高校英语教育研究［M］. 北京：中国纺织出版社，2022.

[27] 王延香. 认知语言学理论视域下高校英语教学策略的应用与创新［M］. 长春：吉林人民出版社，2022.

[28] 孙志永. 新时代大学英语教学改革与英语教师专业发展［M］. 开封：河南大学出版社，2022.

[29] 施莹莹，王红娟，李保丽. 英语教育教学理论与实践［M］. 长春：吉林人民出版社，2022.

[30] 束定芳. 英语教育与教学研究第 5 辑［M］. 上海：上海外语教育出版社，2022.

[31] 简洁，高原，刘娜. 高校英语教学方法新编［M］. 长春：吉林大学出版社，2021.

[32] 李小莉. 高校英语教学理论与实践［M］. 延吉：延边大学出版社，2021.

[33] 姚娟，徐丽华，娄良珍. 高校英语阅读与翻译教学多维研究［M］. 天津：天津科学技术出版社，2021.